团一大青年说

写给青少年朋友

共青团广州市委员会
广州青年运动史研究委员会 编

SPM
南方传媒 广东人民出版社
·广州·

图书在版编目（CIP）数据

团一大青年说 / 共青团广州市委员会，广州青年运动史研究委员会编. —广州：广东人民出版社，2022.10
ISBN 978-7-218-15714-6

Ⅰ.①团… Ⅱ.①共… ②广… Ⅲ.①中国共产主义青年团－历史－通俗读物 Ⅳ.①D293-49

中国版本图书馆CIP数据核字（2022）第054499号

TUANYIDA QINGNIANSHUO
团 一 大 青 年 说

共青团广州市委员会　广州青年运动史研究委员会　编　　版权所有　翻印必究

出 版 人：肖风华

责任编辑：黎　捷　梁　晖
责任技编：周星奎

装帧设计：李桢涛
封面题字：李卓祺
封面插图：罗晓玲
内文插图：司达明和南漫画派工作室

出版发行：广东人民出版社
地　　址：广州市大沙头四马路10号（邮政编码：510102）
电　　话：（020）85716809（总编室）
传　　真：（020）85716872
网　　址：http://www.gdpph.com
印　　刷：广州市豪威彩色印务有限公司
排　　版：广州市友间文化传播有限公司
开　　本：889毫米×1194毫米　1/16
印　　张：10.5　字　　数：120千
版　　次：2022年10月第1版
印　　次：2022年10月第1次印刷
定　　价：42.00元

写在前面的话

　　青少年朋友们，这是一本为你们量身定制的关于团一大历史的读本，希望你们喜欢。

　　中国青年的觉醒和奋起是与中国近代爱国民主运动紧密联系在一起的。自五四运动以后，青年中的一批先进分子积极宣传马克思主义，努力促进马克思主义同中国工人运动相结合。中国共产党自成立之日起，就始终把青年工作作为党的一项极为重要的工作。要讲清楚在那个年代青年团是如何诞生的并非易事，要撰写一本适合青少年阅读的团史读本是一件具有开创性的事情。

　　历史是最好的教科书。在中国共产党直接关怀和领导下，1922年5月中国社会主义青年团第一次全国代表大会在广州东园召开，宣告中国社会主义青年团（后改称中国共产主义青年团）正式成立，在中国革命史和青年运动史上具有里程碑意义。本书编撰之时，恰逢建团百年，以青年学者为主体的编写团队经过反复构思，尝试以青少年喜闻乐见的历史讲述新方式来构建整体框架，即以问题为导向，突出重点、难点、热点、亮点，梳理归纳涉及团一大青少年最为关注的30个问题，并按时间线索分为8个篇章，每个篇章又穿插许多历史细节和不为人所熟知的小故事，形成既有分篇章的特色，又有连贯的整体，能够全面反映百年前青年团的创建历史。

这本书在叙事方式和语言风格方面努力贴近青少年的阅读习惯和接受能力，力求以生动形象的历史故事作为切入点，以小见大，由浅入深，讲清楚来龙去脉，剖析前因后果，引发思考共鸣，实现以情感人，以理服人。在版式设计上注重图文并茂，引入原创漫画团队手绘各章节图示以增强本书的可读性、趣味性。

习近平总书记在庆祝中国共青团成立100周年大会上指出："越是往前走、向上攀，越是要善于从走过的路中汲取智慧、提振信心、增添力量。"青少年时期正是广泛汲取知识的最佳人生阶段，要善于从历史之河中汲取营养、从未来召唤中激发力量。回顾团一大的历史，我们看到的不仅是100年前那群充满开创、奋斗、奉献精神的进步青年，更是我们当代青年应该树立的世界观、人生观、价值观。让我们坚定不移听党话、跟党走，立志做有理想、敢担当、能吃苦、肯奋斗的新时代好青年，为全面建设社会主义现代化国家、全面推进中华民族伟大复兴而团结奋斗！

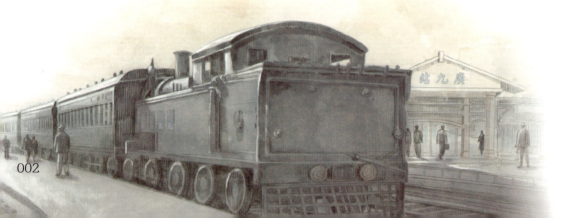

目　录
Contents

第六章

团一大是如何召开的?

第七章

团一大解决了什么问题?

第八章

团一大后，青年团在党的领导下如何推动发展？

第一章

知识青年为何会走到时代的前列?

中国是一个历史悠久的东方大国,曾经走在世界前列,对人类文明作出过重大贡献,但是鸦片战争后,由于西方列强的侵略和封建统治的腐败,逐渐沦为半殖民地半封建社会。为了民族复兴,无数仁人志士不屈不挠、前赴后继进行了可歌可泣的斗争,进行了种种尝试,但终究未能改变旧中国的社会性质和中国人民的悲惨命运,中国期待新的社会力量、新的思想理论领导开辟新的救国救民道路。

今日之责任，不在他人，而全在我少年。少年智则国智，少年富则国富；少年强则国强，少年独立则国独立；少年自由则国自由；少年进步则国进步；少年胜于欧洲则国胜于欧洲；少年雄于地球则国雄于地球。

这段大家耳熟能详的文字，出自梁启超1900年流亡日本期间所写的《少年中国说》。在当时日本和西方一些国家的书报中，常常称中国为"老大帝国"。梁启超受此刺激而奋笔写下此文，以丰富的感情描述了"中国少年"的朝气蓬勃，希望"中国少年"与"少年中国"一起奋发图强、"雄于地球"！

梁启超笔下的"少年"是相对"老年"而言，按照现在的理解应是泛指广大青少年。这篇《少年中国说》读起来铿锵有力、朗朗上口，在当时流传甚广，影响力经久不衰。直到1918年，李大钊、王光祈等还借鉴该文的立意，创办了"少年中国学会"和《少年中国》杂志。毛泽东、刘仁静等中国共产党早期领导人也曾加入其中。1922年，周恩来、赵世炎等人在巴黎成立"旅欧中国少年共产党"时创办了一份机关刊物，也以《少年》为名。虽然，该刊主要从事马克思主义和工人运动宣传，但从取名中也隐约可见梁氏此文的影子。

中国明明是拥有五千年灿烂文明的"古老"国度，为何梁启超要叫它"少年中国"？他又为何提出振兴中华的重任"全在我少年"身上？在救亡图存的历史关头，知识青年为什么会走到了时代的前列？这是我们需要回答的一个问题。

因戊戌变法失败遭清廷通缉而流亡日本的梁启超，其实并不否认中华五千年文明曾有过的灿烂与辉煌，但觉得"今颓然矣"。在新的世变中，欧洲列邦是"壮年国"，而中国只是"少年国"。因此，他希望中国要不断进取、不断奋斗、不断成长。但此番事业却不能再靠"老人国"。从戊戌变法的失败中，他看出主政的人思维陈旧，常思既往、易生留恋心、惟知照例行事，总觉得一切事都不可为。与此相反，像他这样主张变法的"少年"，却常思将来、易生希望心、富有勇气、敢于打破常规，常觉得一切事无不可为。因此，他认为振兴中华的责任只能在"少年"肩头。

戊戌变法，虽仅百日，却是近代以来中国知识青年第一次走到救亡图存的时代前列。虽然最终以失败收场，但他们的精神却对后来青年觉醒起到了重要的激励作用。辛亥革命、五四运动，无不是由青年冲到时代的最前线。这既是历史的必然走向，也是时代的必然要求。所不同的是，当五四新青年接过振兴中华的接力棒时，他们却开创了截然不同的历史局面。

一、新青年究竟新在哪里？

青年如初春，如朝日，如百卉之萌动，如利刃之新发于硎，人生最可宝贵之时期也。青年之于社会，犹新鲜活泼细胞之在人身。

1915年，《新青年》的前身——《青年杂志》创刊，陈独秀在创刊号上写下了这篇热情洋溢的《敬告青年》。次年，陈独秀将《青年杂志》更名为《新青年》，并以此为题写下一篇发刊词，呼吁青年朋友要当"新青年"。

陈独秀（1879—1942），字仲甫，安徽怀宁（今安庆迎江区）人。新文化运动的主要倡导者之一，"五四运动的总司令"，马克思主义的主要传播者，中国共产党的主要创始人之一，中国共产党早期的主要领导人

人们可能会问"同一青年也，而新旧之别安在？"换句话说新青年究竟新在哪里呢？

相较于梁启超写下《少年中国说》的年代，《新青年》创刊时的中国，已发生了天翻地覆的变化。首先是1900年八国联军侵华，逼得慈禧太后和光绪皇帝离京奔逃，一口气跑到西安才落下脚来。次年，清政府与列强签订《辛丑条约》，赔款4.5亿两白银换得八国退兵。面对日益加深的统治危机，清廷下令实行"新政"，很多维新变法中的举措又被再度施行，其中影响最大的便是废除了持续1000多年的科举制度。

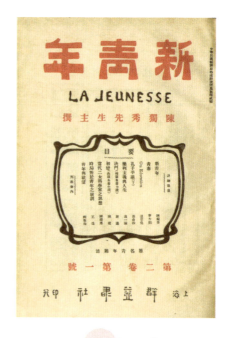

《新青年》杂志封面

链 接

铨选官吏是一个国家维系统治机器运转的头等大事。因此，如何选拔德才兼备的官吏是所有国家、历朝历代的统治者最为关心的问题。我国施行了1000多年的科举制度，便是封建社会中最为有效的官员选拔途径，被誉为"中国对世界文明的一大贡献"。

科举制度发源于隋唐，到明清一代已十分成熟。这一"抡才大典"大多三年一届，碰上新皇帝登基等"大喜事"，则往往会特开"恩科"。考试一般分三场，首先是在府县一级，即所谓府试，考中者俗称秀才；接着再由各府县的秀才到省城参加乡试，考中者则称举人，大家所熟悉的范进，便是因考中举人而高兴得得了失心疯；最后由各省举人进京参加会试，考中者俗称进士。各进士还要参加由皇帝亲自命题甚至监考的殿试，以取定状元、榜眼、探花。只有进士及第者才有步入仕途的资格。

几场考试内容大概相近，考题皆出自"四书""五经"，对儒家典籍的理解也大都有标准的答案，不允许自由发挥。由于纯为说理的论文，孰优孰劣容易受到主考官以及阅卷者主观好恶的影响，于是在文章格式上逐渐形成了优劣的标准——俗称"八股文"，即分为破题、承题、起讲、入手、起股、中股、后股、束股这八个部分，称为"八股"。其中每一股的句子长短、韵脚、字数都有严格的规定。

这种考试内容和考试形式必然造成以科举入仕为最

高追求的读书人习惯于"读死书"、头脑僵化、较少怀疑精神和创新意识。在国力强盛的时代，由于闭关锁国的政策，这些官员、乡绅只需要恪守既定的思想和知识体系，甚至不需要掌握专门的政务知识。因为每个衙门都有分管各项事务的"吏"，来帮助"官老爷"维持官府的运作。官的主要责任和价值，在于按儒家教义维护封建专制的规范和道德。

鸦片战争以后，面对列强环伺，中华民族面临着前所未有的危机，儒家的这一套知识系统已难以应对新世界的变化。在戊戌变法中，清政府已下令废除了八股取士，改革了考试内容。到1905年，科举制度也被废止，随之而来的是新式学堂大兴。与此同时，清政府还规定无论官费、自费，概以进士、举人、贡生等功名赏赐留学归来者。于是，出国留洋也蔚然成风。

传统的士子童生，自小深受儒家文化的熏陶，不管是在意识形态或文化认同上，都与封建统治的需要完美匹配。然而，在新式学堂、教会学校以及出国留学的青年学生知识体系里，多了声光化电的自然科学知识、多了外国异域的语言文化、多了迥然不同的政治思想，而传统学问、"孔孟之道"却逐渐弱化。政府的软弱无能加上西方学说的冲击，均加强了"新青年"与朝廷之间的"离心力"。

此外，科举时代以各地私塾为培养"学生"的主要机构，一般规模较小。参加考试之前，各考生彼此之间几乎没有交流的可能。直到考中功名、同朝为官，才开始攀附同乡、同年的交情。而大兴学堂之后，各地学生聚居一处，相互往来密切，常常形成由年龄、经历、地位相近者组成的同辈群体，群体意识渐渐形成。同辈群体之间的平等关系，也容易激发出本能的民主要求。

在救国图存的总目标下，新式学生对传统学问逐渐淡漠，更倾向于参加社会政治运动。当时在南洋公学（交通大学的前身）就读的学生便大声疾呼："一国之事，一国人共谋之。今政府既不能为民平乱，则国民起而自平之，乃吾侪之天职。"在这样的价值观念和行为趋向下，各地学潮此起彼伏。新式学堂学生、教会学校学生以及留学生群体，后来基本上成为孙中山领导的革命队伍的主力。这是期望通过废科举、办学堂培养新式人才达到维护其统治地位目的的清政府所始料未及的。

从鸦片战争到戊戌变法，
新式学堂兴起

辛亥革命以后，中国持续了两千多年的封建专制制度被推翻。广大新青年除了因废科举、办新学堂带来其知识体系的巨大变化外，求学目标和出路也发生了彻底的改变。科举时代的士子童生，他们寒窗苦读只有一个目标——考中功名进而步入仕途。一届不中，三年之后还可再考，七八十岁才考中秀才的也大有人在。广大的读书人被牢牢绑在科举制度的马车上。然而，辛亥革命以后"学而优则仕"的渠道被彻底堵死，新式教育的扩张速度也远远超过经济的发展。于是，这一代的知识青年面临着十分现实的出路问题。在忧国忧民的同时，也多了一份对个人前途迷茫的愤懑。

从辛亥革命到五四运动，旧民主主义革命结束，新民主主义革命来临

这时，皇权已经坍塌。虽然共和的理想并未真正实现，但观念已深入人心。陈独秀、胡适、鲁迅等人掀起的反抗旧思想、旧道德、旧观念的新文化运动方兴未艾，这为苦苦寻觅救国救民道路的新青年提供了新的思路和方向。洋务运动所带来的是器物的变化，戊戌变法所带来的是制度的松动，而新文化运动带来的却是彻底的思想观念的改变。这种变化经五四运动的洗礼，开创了一个崭新的新民主主义革命时代。

二、知识青年为何追求新文化？

在新文化运动最为炽热的1919年，胡适写下《新思潮的意义》。文中提道："二十年前，康有为是洪水猛兽一般的维新党，现在康有为变成老古董了。康有为并不曾变换，估价的人变了，故他的价值也跟着变了。这叫做'重新估定一切价值'。"这里的"重新估定一切价值"，乃胡适借鉴德国著名哲学家尼采的论断，从一个侧面精准地概括了新文化运动的基本价值取向。

新文化运动是以激烈的反传统面目出现的，凡是一切旧思想、旧道德、旧伦理，皆在打倒推翻之列。例如，新文化运动的"总司令"——陈独秀，便借着《新青年》的阵地高高竖起了"打倒孔家店"的大旗，极力地鼓吹倒孔非儒，新文化阵营的健将、北大教授钱玄同甚至提出要废除汉字。

在100多年后的今天，人们恐怕已难以理解为何如此激进的主张会得到知识青年的热烈拥护？这需要我们跟随历史的镜头重新回到那个年代来一探究竟。

辛亥革命成功推翻了清王朝的封建专制统治，革命的果实却被袁世凯所窃取。袁世凯接替孙中山当选为中华民国临时大总统以后，为肃清独裁障碍，于1913年3月20日派人暗杀了主张"议会政治"的国民党代理理事长宋教仁。此举令孙中山等人彻底看清了袁世凯假共和的面目，于是便策动南方数省发动了"二次革命"，但由于准备仓促"二次革命"以失败告终。

随后，袁世凯公然废弃了《中华民国临时约法》，并下令解散了国会。局势初定以后，袁世凯认为民国政局败坏的主要原因是纲常礼教被破坏。于是，他决定重新恢复封建秩序，大力推行尊孔复古：先是下尊孔令，称孔子为"万世师表"，进而要求各地一律举行"祀孔典礼"；接着颁布《特定教育纲要》，要求各学校"尊孔以端其基，尚孟以致其用"，大力推行"孔孟之道"。

1915年底，决心回到封建王朝轨道上的袁世凯，公然宣布恢复帝制，决定于次年登基称帝，建国号为"中华帝国"，以1916年为"洪宪元年"。袁世凯如此这般倒行逆施，引起全国人民的极大愤慨。蔡锷、唐继尧率先在云南举起讨袁的大旗，发动"护国战争"。随后贵州、广西等省相继响应。尤其是四川将军陈宦、陕西镇守使陈树藩、湖南将军汤芗铭，他们三人原本是袁世凯的心腹重臣，更是拥袁称帝的重要推手，此际却反戈一击加入了倒袁的阵营。

据闻，袁世凯收到陈宦等三人宣布独立的电报之后"大失常态"，随即病倒。最终，在全国一片声讨和辱骂声中，袁世凯不久便因尿毒症发作而身亡。也难怪当时有人将"二陈"和"一汤"的独立电报，戏称为要了袁世凯老命的"二陈汤"。

辛亥革命以后突然没了皇帝，全国从上到下竟然都很不习惯。尤其是民国的建立并没有立刻改变国家积贫积弱、百姓流离失所的困境。当时救国的声音主要有两种：一则彻底抛弃传统文化学习西方；二则从中国固有的制度、文化中择善而从来重构国家。民国肇建时期，后一种声音压过了前者。

011

随着袁世凯称帝失败，国家更加陷入四分五裂的局面。加之张勋在1917年率五千"辫子军"进京，拉出康有为等一批晚清遗老遗少拥末代皇帝溥仪复位，并自封为"首席内阁议政大臣"，上演了一出12天的复辟闹剧。有识之士开始走上彻底否定和批判复古的道路，彻底将中国旧文化贬为腐朽落后、不可救药的"毒瘤"，恨不得全部切除。以孔子为代表的儒家思想，作为封建专制的"护符"自然首当其冲。李大钊曾深刻地阐释了反孔的内涵："余之掊击孔子，非掊击孔子之本身，乃掊击孔子为历代君主所雕塑之偶像的权威也；非掊击孔子，乃掊击专制政治之灵魂也。"

今天，当我们再看这段历史的时候，青少年朋友们也应当明白：当时新文化运动领袖们之所以要彻底倒孔非儒，反对传统文化，并非认为这些全无价值，只是由于他们在守旧势力心中的影响太过强大，动辄被搬出来说事。"儒教不革命，儒学不转轮，吾国遂无新思想、新学说，何以造新国民？"为了廓清新文化的障碍，他们才提出如此激进的主张。现在看来虽然言论有些偏激，但结合当时的历史背景，却不难理解它为何会受到多数新青年的拥护。

由于《新青年》创刊以后发表了大量批判旧思想、旧道德以及孔子、儒教的文章，并大力畅行白话文、反对文言文，引起了传统文化"卫道士"们的激烈反对。陈独秀特于1919年初发表

《本志罪案之答辩书》一文，内称："本志同人，本来无罪，只因为拥护那德谟克拉西（即民主）和赛因斯（即科学）两位先生，才犯了这几条滔天的大罪。要拥护那德先生，便不得不反对孔教、礼法、旧伦理、旧政治；要拥护那赛先生，便不得不反对旧艺术、旧宗教；要拥护德先生，又要拥护赛先生，便不得不反对国粹和旧文学。"

现在的人们提到新文化运动，耳熟能详的"德先生"和"赛先生"，便出自这篇文章。"德先生"是英文"Democracy"的汉语发音；"赛先生"则是英文"Science"的汉语发音。陈独秀的这篇文章正式为《新青年》竖起民主与科学的大旗。

《新青年》的办刊历程也经历了从不甚有名到举世闻名的发展阶段。最初，《新青年》创办于上海，主要作者群都是陈独秀

陈独秀、李大钊、胡适等人关于新文化与旧文化展开辩论

的安徽籍同乡好友。鲁迅曾写道，在《新青年》创办的前两三年"不但没有人来赞同，并且也没有人来反对"，可见这个刊物在初期影响力一般。

陈独秀就任北大文科学长以后，《新青年》随之迁到了北京。陈独秀拉了一批北大的教授给杂志写稿，甚至在1918年以后彻底将该刊变成北大同人刊物。正是借助北大学术的地位，《新青年》迅速升格为全国性刊物。《新青年》与北京大学，这一刊、一校开始成为新文化运动的主要阵地。

可以说，正是借助北大的地位和北大一批著名教授的声望，《新青年》才享誉士林，在全国读书人尤其是知识青年心中独占鳌头。

此外，当时的《新青年》十分善于制造热门话题，开设的专栏大多是社会上引人关注的问题，诸如孔教问题、文学改革、女子解放、教育改良、戏剧改良等；也十分重视输入时新的西方学理，如曾组织关于戏剧理论的"易卜生号"，1919年第六卷第五号则集中发表了关于马克思生平及学说的文章共8篇，故也称"马克思主义专号"。而且几乎每期都有的鲁迅白话文小说、胡适现代诗，也都深得广大新青年的喜爱和追捧。因此，新青年热衷于谈论、接受新文化，并不是青年更容易图新鲜的粗浅反映，而是有其深刻的历史和社会原因的。

从影响上来看，新文化的流行促进了知识青年的思想解放和个性解放；各种西方思潮学说的引介也推动了中西文化和信息的交流；为宣传践行新文化而出现的学生社团、学生刊物，则进一步加强了青年学生间的联系。这些均为五四运动的爆发准备了前提和条件。

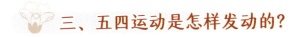

三、五四运动是怎样发动的？

谈五四运动，我们不妨先从当下的一个流行词——"凡尔赛"说起。"凡尔赛"意指"以低调的方式进行炫耀"，它来源于一本讲述18世纪末法国凡尔赛王公贵族生活的日本漫画——《凡尔赛玫瑰》。凡尔赛皇宫正是1919年巴黎和会的举办地。

1914—1918年爆发的第一次世界大战，以协约国的胜利而告终。协约国的27个战胜国，为了商量战后问题，特决定在巴黎召开和会。中国虽然没有直接派兵参加第一次世界大战，却也于1917年对德、奥宣战，加入协约国一方，并派出了将近20万劳工奔赴欧洲战场。因此，中国也作为战胜国之一受到邀请。

消息传来以后，举国欢庆，北京各界还专门为此召开了隆重的庆祝大会。从鸦片战争以来，中国在国际会议上基本都是作为战败的一方，受尽了屈辱。因而，国人对巴黎和会寄予了厚望，大家都期待中国能在此次会议上扬眉吐气，以及收回战败国德国在山东非法侵占的各项权益。

然而，会议的结果却令人大跌眼镜。日本与英法早已定下密约，决定由日本继承德国在山东的特权。这不啻给国人当头一棒，那种失望、愤怒、屈辱，即便时隔百年也不难感同身受。随着会议的胶着，日方便抛出了"猛料"：原来段祺瑞的北洋政府为了向日本借款，早在1918年便已私下与日本签订密约，"欣然同意"由日本继承德国在山东的权益。

消息传出，举世哗然，国人更是怒不可遏。日本狼子野心，嗜血乃其天性，然而家有内贼则更为可恨。于是，亲手经办中日密约的曹汝霖、章宗祥、陆宗舆三人便成为众矢之的。

5月4日的示威游行原本定于5月7日，但巴黎传回的消息"是一天不如一天"，激愤的学生已无法再等。3日晚，各校学生相聚北大，不少学生发表了慷慨激昂的演讲，情绪激烈的刘仁静甚至带着一把小刀准备当场自杀，还有一位同学咬破手指写下"还我青岛"的血书……会议氛围被推向高潮，众人一致决定于次日一起前往天安门游行示威。

散会后，大家分头买竹布、做旗帜、写标语、拟宣言，忙到深夜。第二天下午一点，3000多名学生如约齐集天安门。大家人手一面小旗，沿途高喊着"还我青岛""外抗强权，内惩国贼"……呼声震天。如此阵仗，惹得反动军警十分紧张，当时的步军统领李长泰和警察总监吴炳湘均亲自到场劝学生解散。可在当时那种情绪下，哪个肯听呢。于是，有人提议前往东交民巷向各国公使馆伸张民意。

青年学生齐集天安门，呼声震天

谁料虽然公使馆的外国警察允许学生通过，但北京当局却下了禁止通行令，这让领头的学生更怒不可遏。于是，有人高呼口号"我们去打卖国贼吧！"大队人马便调转旗帜改变游行方向前往赵家楼——交通总长曹汝霖的宅邸。游行学生中的多数人只是在曹宅前示威一通，稍微胆大一些的只是把手中的标语、旗帜丢到门前、院内便罢了，但也有一些愤怒而勇敢的学生径直翻进了曹家的大宅。

当时，曹汝霖不在府内，但章宗祥正在曹家做客。他见情形不妙准备逃走之时，恰好被愤怒的学生撞个正着。于是饱尝了一顿老拳，晕倒当场，曹宅也随之被烧。北京当局派出的军警赶来以后，学生已经解散，于是军警便沿街抓了一些"返程"较晚的学生。

由于去往赵家楼的学生不成队列，因此回程基本是各走各的，早些回校的学生并不知后来发生了什么。学生被逮捕的消息传来以后，各校学生十分震惊，故再度于北大紧急集会。由于碰

1919年6月16日，全国学生联合会在上海成立，成为全国学生运动的总机关，号召和组织各地学生投入拒签巴黎和约的斗争。图为第一次全国学生代表大会全体代表合影

面频繁，大家决定成立市级的学生会以便联络，北京学联便应运而生。学生们通过开会讨论一致通过7日开始罢课。

迫于民众的压力，北京当局不得不将被捕学生尽数释放，原定的罢课决议也自然取消。北京学联各干事员不得不于6日深夜分头通知各生罢课决议取消。很多同学在睡眼蒙眬中被吵醒，后来曾担任北大校长的罗家伦，多年以后依然清晰地记得同学们那种半夜醒来时所特有的口中气味……这也可以说是五四运动亲历者们独家的校园记忆。

五四事件随着被捕学生的释放似乎已经收场，但当惯了"大老爷"的北洋政府高官不愿向民意妥协，不少当权者觉得失了面子。有些人叫嚣着要把释放的学生再抓回去判刑，甚至有人以此来威胁蔡元培辞职。5月9日，蔡校长权衡利弊之后决定悄悄出京，随之同情学生爱国运动的教育总长傅增湘也辞职隐匿。北京当局乐得以私人填充其位，甚至有传言北京各大学校校长均将改由安福系的亲信担任。于是，北京学联再度于19日联合各校宣布罢课，向北京当局提出挽留蔡元培、惩办曹章陆等六项要求。

北京当局对学生的要求置之不理，管控措施逐渐加码，6月3日开始大肆逮捕学生。北京的监狱一度人满为患，不得不就地圈禁，连北大的教室也被征用做了临时牢房。由于当局封锁了北京对外联络的电报，于是北京学联先派学生前往天津报信，再由天津学生将消息传到上海。沪上各界收到消息后无不义愤填膺，各界代表于6月5日下午聚议卡尔登饭店，最终决定开展"三罢"运动，要求北京当局释放被捕学生，惩办曹、章、陆卖国贼。

自此，五四运动的中心由北京转移到了上海，由单纯的学生运动扩大为工、商、学、报等各界广泛参加的群众运动。在惩办卖国贼的旗帜下，上海的"三罢"运动迅速蔓延开来。没过几天，北京当局便罢免了曹、章、陆三人的职务。上海学联在事后发表了一篇告同胞书，内称"学生罢课半月，政府不惟不理，且对待日益严厉"，"工界罢工不及五日，而曹章陆去"。工人阶级作为独立的政治力量，对"三罢"运动的胜利起到了决定性的作用。

国内的政潮不断传到巴黎以后，在法国的政界要人、华侨、留学生等没日没夜地包围中国代表团的驻地，要求他们拒绝签字，甚至有人放言要杀了签字代表。在国内、国外的政治压力下，中国代表团最终拒签了《凡尔赛条约》。五四运动自此取得了最终胜利。

五四运动以后，一部分学生领袖认识到广大人民群众，特别是工人阶级的力量，于是开始走到工人中间办夜校、建工会。一些初步了解社会主义，特别是马克思主义学说的知识分子，也更加深刻地认识到无产阶级的先进性，于是脱下了长大褂、穿起了粗布衣，走到工人中传播新思潮和马克思主义。马克思主义的传播开始与工人运动相结合，中国共产党的成立已具备了呼之欲出的条件。

上海工人从1919年6月5日起举行罢工，支援学生的反帝爱国斗争。图为上海工人总同盟罢工的情景

第二章

为什么要成立
社会主义青年团?

我们是五月的花海，用青春拥抱时代；

我们是初升的太阳，用生命点燃未来。

"五四"的火炬，唤起了民族的觉醒。

壮丽的事业，激励着我们继往开来。

光荣啊，中国共青团，光荣啊，中国共青团。

母亲用共产主义为我们命名，我们开创新的世界。

1988年5月8日，共青团第十二次全国代表大会通过了《关于确定代团歌的决议》，决定《光荣啊，中国共青团》（胡宏伟词、雷雨声曲）为中国共产主义青年团代团歌。2003年确定为团歌。这首歌的歌词明确指出了五四运动对后世青年运动以及共青团的影响。

一、为什么社会主义思潮会受到知识青年的欢迎？

1921年2月25日，著名报人潘公展在《东方杂志》发表文章，原文写道："一年以来，社会主义底思潮在中国可以算得风起云涌了。报章杂志底上面，东也是研究马克思主义，西也是讨论鲍尔希维主义；这里是阐明社会主义底理论，那里是叙述劳动运动底历史，蓬蓬勃勃，一唱百和，社会主义在今日的中国，仿佛有'雄鸡一鸣天下晓'的情景。"

此中"雄鸡一鸣天下晓"一句是模仿唐代著名诗

潘公展的《近代社会主义及其批评》原文

人，有"诗鬼"之称的李贺"雄鸡一声天下白"而来。这段文字形象地描述了当时社会主义思潮在中国报纸杂志上的流行程度。尤其是广大的知识青年更是撰文谈论社会主义思潮的主将。那么，社会主义思潮为何会受到当时知识青年的欢迎呢？

五四运动以后，中国思想界发生了巨大震荡，伴随着新文化运动而来的种种社会思潮也更加汹涌澎湃。大量新式刊物的出现为新思潮的传播提供了载体，各地的青年学生也纷纷结成进步社团，研究、宣传各种思潮与主义，知识青年更是以信仰主义为时髦。据当时的相关调查，在这一时期的城市知识青年群体眼中，"新青年"和"进步青年"的标准是有没有信奉主义。正如五四运动游行总指挥、北大新文化运动的干将之一——傅斯年所言，"任凭他是什么主义，只要有主义，就比没有主义好"，没主义的人不能做事、发议论。傅斯年此论代表了知识青年的普遍心理，这种心理正是社会主义思潮广泛流行的前提条件。

从洋务运动先进士大夫阶级提出的"师夷长技以制夷"，到维新变法预期效仿的日本君主立宪，再到稍后新政时期的改革举措，莫不是以西方国家（日本也属此列）为蓝本。民国肇始时施行的总统制、内阁制也来自美、法。

欧美的资本主义制度一度受到中国先进知识分子的推崇。然而，曾被视为救亡图存灵药的资产阶级民主主义，并没有治好中国的痼疾，反而产生了副作用。加之第一次世界大战，使欧洲满目疮痍，凋零破败，繁华著名如伦敦者，其一等旅馆尚"每日恒不饱"，缺糖缺煤，不禁使游历欧洲的梁启超觉得在国内的生活如"日日暴殄天物"。他在写给女儿的家书中特别感慨欧美资本主义国家的沦落，连久负盛名的巴黎都同样人丁大减、"舍宇不完"。西方的资产阶级民主道路逐渐被新一代救国青年所舍弃。

中国代表团在巴黎和会上的外交失败直接导致五四运动爆发，也使欧美资本主义国家的丑恶嘴脸得以充分暴露。与此同时，俄国十月革命的胜利吸引了国人的视线。这个与我们境况相似的邻国，一举推翻了封建压迫，建立了世界上第一个社会主义国家。这自然引起了当时苦苦寻觅救国道路的先进中国人的

1918年，李大钊陆续发表《法俄革命之比较观》《庶民的胜利》《布尔什维克的胜利》等文章，成为当时赞扬十月革命，宣传社会主义的第一人

注意。

1919年以后，有关社会主义的文献大量进入中国，全国主要报纸、杂志都以大幅版面介绍了社会主义思想。《新青年》在第六卷第五号上，更是集中发表了8篇关于马克思主义的文章。借助于《新青年》的巨大影响，马克思主义得以迅速进入国人的视线。

1919年下半年，俄国的内战宣告结束，苏俄剿灭了远东的反动派，局势稳定下来。但新生的苏维埃政权从诞生之日起就处于世界帝国主义和资本主义的联合包围与敌视之下，亟须向外寻找同盟。1919年3月，列宁利用马克思主义关于世界革命的理论，在莫斯科成立了第三国际，专门支持、帮助各国革命活动，当然也包括殖民地、半殖民地国家的民族解放运动。中国地大物博又备受列强凌辱，革命潜力巨大，且中国与苏俄接壤，从苏俄国家利益而言，也希望中国出现有利于苏俄的革命。

于是，列宁领导的苏俄政府决定向中国——这个东方大国伸来橄榄枝。1919年7月，苏俄政府发表《告中国人民和南北政府宣言》，宣布废除沙皇俄国时代强迫中国签订的一系列不平等条约。这个宣言及其内容于1920年3月传入中国，顿时受到广大青年的热烈欢迎。全国报界联合会、全国学生联合会、中华实业联合会等团体，纷纷致电苏俄政府表示欢迎。

随着苏俄政权的巩固，与苏俄相关的信息大量传入中国，俄共中央、共产国际、苏俄外交人民委员部，以及远东共和国等部门纷纷派出人员到中国寻找合作伙伴，并帮助中国的社会主义者开展革命的宣传。这又进一步促成中国广大的知识青年对走苏俄道路的兴趣。

1920年《北京大学学生周刊》发表的创刊宣言明确指出，"我们的手段是民众运动——自下而上的运动"，"我们相信俄国学生界最普通的一句话，并且拿他来做我们的模范——'要是你想扫除专制政治的羁绊，你要找平民为伍，教育他们，使他们信你'"。从这段话可以充分看出俄国十月革命的胜利在中国知识青年心中掀起的波澜。

不过，这时流传的社会主义思潮还是一个比较宽泛的概念，具有很强的包容性，例如鼓吹极端个人自由的"无政府主义"、主张由工会代替国家政权的"工团主义"、希望在工会基础上成立生产联合会来改善资本主义制度的"基尔特社会主义"以及反对无产阶级暴力革命主张由国家权力进行社会改良的"国家社会主义"等诸多思潮，都在社会主义的"大篮子"里。马克思主义作为科学的社会主义，只是其中的一种。不过，在社会主义在中国传播的最初阶段，这种情况在客观上壮大了社会主义思潮的声威和队伍，有其积极的意义。在中国共产党的酝酿阶段，也有很多非马克思主义的社会主义者参与其中，他们对于中国共产党的早期活动和发展也曾起到积极的作用。

社会主义思潮在中国的广泛传播为中国共产党的成立奠定了广义上的思想基础，近代民族工商业的迅猛发展产生的工人群体为中国共产党的成立奠定了阶级基础，在五四运动中活跃的青年学生为中国共产党准备了骨干人才，而列宁和共产国际派员来华则直接促成了中国共产党和社会主义青年团的成立。于是，历史的镜头聚焦到了上海，中国的革命事业从此翻开了新的篇章。

二、为什么上海最早成立社会主义青年团？

1920年2月中旬的一天，从北京朝阳门缓缓驶出一辆骡车，赶车的是"账房先生"李大钊，坐车的是"东家"陈独秀。他们为何要如此乔装打扮？他们坐骡车又去向哪里呢？

五四运动爆发以后，陈独秀这位"五四运动的总司令"也积极投身其中。他撰写印刷了一份鼓吹反抗政府的《北京市民宣言》，还亲自走上街头散发。不幸的是，他于6月11日被军警逮捕，后经多方营救才重获自由。经过98天的牢狱生活，陈独秀的思想发生了变化。他认识到，从事新文化宣传来改造国民性，固然是大道正途，然而毕竟太慢了些。新文化的笔杆子"司令"如何能够与腰里有枪的"大檐帽"司令相抗衡呢？于是，他开始关注近邻——俄国的革命，并且开始研究社会主义。

1920年2月初，陈独秀应邀到武汉演讲时开始大谈社会主义和俄国革命，这令武汉的军阀十分担忧，不等他演讲结束便强行解散了集会，还将此事通告了北京。当陈独秀回京后，警察便找上门来对他提出警告，勒令他不准外出。颇具燕赵豪杰之风的李大钊得知此事后，劝他离开北京并决定亲自护送。为了躲开军警的监视和路上的盘查，二人乔装打扮成一对客商，这便是开头那一幕场景的由来。李大钊利用其河北口音作掩护，顺利地送出了陈独秀，二人在摇晃的骡车上相谈甚久，一个崭新的时代拉开了帷幕。

此后不久，共产国际代表维经斯基带着帮助建立中国共产党的使命来到中国。他先是在北京会见了李大钊，并在李的引见下前往上海拜会陈独秀，赠送给他大量关于马克思主义和俄国十月革命的书籍。这些著作对于正在寻觅救国道路的陈独秀而言，不啻黑暗中的灯塔。经过一番筹划，以陈独秀为中心的上海共产党早期组织正式成立。陈独秀决定由俞秀松负责创办上海社会主义青年团。

也许大家会好奇，为什么上海成为中国共产党早期组织的诞生地？陈独秀在筹划建党的同时又为何要创办社会主义青年团呢？俞秀松是何许人？为何陈独秀指定他来负责上海青年团的创办呢？

在鸦片战争以前，上海只是江苏省下辖的一个小县城。清朝乾隆年间，实行闭关锁国政策，仅保留广州这一扇窗口与世界各国进行贸易，俗称

1920年8月，上海的共产党早期组织正式定名为"共产党"。图为上海共产党早期组织成立地老渔阳里2号

"一口通商"。1842年《南京条约》规定增开厦门、福州、宁波、上海为通商口岸。在不到20年的时间里，上海迅速超过广州，摇身一变成为全国国际化程度最高的经济文化中心。

1845年，英国在上海开辟了第一块租界，不久法国、美国也相继在附近"借"地造城。1863年，英美两国租界合并管理，成立了"公共租界"。因此，上海便出现了"一市三治"的格局，即法租界、公共租界和华界各自为政，互不统辖，内部甚至连电压都不一样。在被"借"的这一块中国领土上，租借国拥有行政自治权和治外法权，中国政府无权管辖租界的事。

上海两租界合起来是全国最大的一块租界，占地面积超过4.8万亩，其余各地租界的面积总和才3万亩。上海租界也是外侨人数最多的，到1920年前后，上海租界里有着来自50多个国家与地区的外侨近3万人。如此多的外国侨民需要维持本国的生活习惯，随之而来的便是外国人在上海投资建厂和中外贸易往来，由此又催生并壮大了本国的民族企业。交通运输、电报邮政等行业也随之兴盛，这自然又带来了工人阶级的壮大。

与此同时，很多国家的侨民均创办了母语报刊，英、法、德、日、俄文均有。这些报刊及外文的出版品，促进了西方文化的输入。比如国人第一次见到"马克思"的大名，便是通过1899年在上海出版的《万国公报》所连载的《大同学》一文，后经梁启超的生花妙笔得以被更多的人知道。

1920年，维经斯基来华以后首先见的是李大钊，并且也与北大一批初步接触马克思主义的青年们进行了座谈。那么，为何他不立即在北京尝试建党工作，而要专门去上海找陈独秀呢？毕竟，当时李大钊是比陈独秀更为知名的马克思主义和俄国革命的热烈拥护者。其中原因在于，维经斯基此行的目的地本来就是上海，他当时的公开身份便是在上海租界发行的《上海俄文生活报》的记者。

　　由于俄国十月革命的爆发，很多俄国侨民为避战乱来到上海，1920年前后人数已达5000人，早已引起共产国际的注意。人数众多的俄国人，给俄共党员在上海租界的活动竖起了一道天然屏障。后来中国共产党上海发起组为培养青年干部而开办外国语学社是在报纸上公开招生的，这是因为租界内本就有各种外语培训的机构。考虑到大街小巷到处可见的俄国侨民，维经斯基及

20世纪20年代的上海租界

其夫人可以公开在外国语学社教授俄语，自然也不会受到特别的注意。

租界的治外法权是近代中国的屈辱，但租界的存在却在客观上为中国革命事业提供了最初的庇护。由于中国政府的行政权力无法进入租界，因此最初的维新志士和革命党人遭清廷通缉时，常常会遁入租界。比如，戊戌变法失败以后，康有为通过上海租界得以出逃。辛亥革命时期的很多革命党人也都有在租界避风头的经历，陈独秀便是进入租界的"常客"。孙中山等政界要人也大多在租界里有安身之所，甚至还因身份特殊而受到租界当局特别的保护。

租界受到外国的保护，具有其他地方所不具备的稳定和安全，因此许多达官贵人为躲避战乱纷纷迁入租界；相对自由的政治环境也对于很多文艺界的专家、学者有着特别的吸引力。特别是因思想激进而在原籍难以生存的知识青年，如撰写《非孝》的施存统和将这篇文章发表在《浙江新潮》上的俞秀松，由于此文，二人皆饱受浙江省内各界的批判。同时，政界中人与自由主义知识分子在上海租界的聚集，还催生出了租界内十分繁荣的新闻、出版、印刷等行业。

上海拥有当时最为发达的交通网络。它原本就是长江出海口，在20世纪初更是形成了内河、长江、沿海和外洋四大航运系统，北至天津、南至广州、西至重庆，水路交通均十分便利。内地居民出国也大多从上海发船，比如周恩来、邓小平等赴法国留学就是先从天津和四川来到上海，再买票登船前往法国。此外，沪宁、沪杭甬铁路通车以后，上海与江浙地区的联系也十分密切。南京、苏州、宁波、杭州、嘉兴等地往来上海长则半天，短则几个小时便可到达。

上海也是当时电报邮政设施最为完善的地方。1920年前后，上海共建成邮政支局24所，邮寄代办所52个，远到大洋彼岸、近到市内各街区，邮递业务均十分方便。上海的电话、电报业务也十分发达，不仅可达国内多数地方，而且与日、俄及欧、美等国均可通报。

正是具备上述"天时""地利""人和"的条件，共产国际才"盯"上这个地方，并派遣特使前来考察建党条件。因此，党的发起组最早出现在上海，中共一大在上海召开有其必然性。

三、为什么由俞秀松负责上海社会主义青年团的创办？

上海共产党早期组织成立以后，最初的主要工作是开展党的宣传事业。当时最为迫切的问题是"人"的问题，更准确来说是党员太少。因此，为党组织培养后备力量便十分重要。在了解苏俄的青年团组织后，陈独秀便指示俞秀松牵头组织一个青年团体"作为中共的后备军，或可说是共产主义的预备学校"。他要求这个团体"命名为社会主义青年团，加入的条件不可太严，以期能吸收更多的青年"。

俞秀松于1899年8月1日出生于浙江诸暨一个清末秀才的家庭。1916年，他以优异的成绩考入浙江省立第一师范学校，成为当时浙江新文化运动"四大金刚"——陈望道、刘大白、夏丏尊、李次九的学生。浙江一师当时号称浙江的"北大"，是浙江新文化运动的主阵地。俞秀松在读书期间，深受《新青年》等新文化刊物的影响，眼界十分开阔。

五四运动爆发以后，俞秀松与宣中华等进步学生发动杭州14所中等以上学校学生3000余人，举行了大规模的示威游行，对北京、上海的学生爱国运动起到了很大的声援作用。由于在五四运动中表现出色，俞秀松在杭州的学生中极具声望。1919年10月，他与宣中华一起创办了《双十》半月刊以后，更是成为浙江新文化运动的"吹鼓手"。

在《双十》的发刊词中俞秀松写道："这种半月刊，最主要的目的，就是一方面竭力把新思潮传布，一方面对于守旧派，立于指导的地位，下一种诚恳的劝告。"从中颇可见其气魄。1919年11月，俞秀松等人决定将《双十》改名为《浙江新潮》。由于在辛亥革命时期，浙江留日学生中的先进分子蒋方震（即蒋百里）等曾创办过《浙江潮》，在抨击清廷专制统治、介绍西方先进思想中起过很大的作用。俞秀松等将杂志取名《浙江新潮》，便是有承继先贤、更进一步的雄心。

《双十》发刊词的气魄已经很大，《浙江新潮》的发刊词则更有过之："本周刊的第一种旨趣，就是'谋人类——指全体人类——生活的幸福和进化'"，"第二种旨趣，就是改造社会"，"第三种旨趣，就是促进劳动者的自觉和联合"，"我们认禁止、唾骂就是本报的大传播，我们又认监狱、刑场就是社员的极乐土"。

因此，《浙江新潮》创办伊始，便以战斗的姿态对封建制度和礼教发动猛烈的攻击，成为浙江新文化运动的一面旗帜。其中尤以后来在团一大上当选为团中央书记的施存统所写的《非孝》一文影响最大。施存统当时也就读于浙江一师，五四后曾在学校创办了一间"书报贩卖部"。举凡北京、上海的新刊物莫不购售，对新文化在浙江的传播起到了重要的推动作用。施存统发表于《浙江新潮》第二期的《非孝》一文，剑指传统伦常，主张家庭革命和社会改造，遭到了守旧派的口诛笔伐，被斥为大逆不道。该文甚至引起了北京政府的关注，特别下令将该刊查禁。于是，《浙江新潮》仅出版了3期便不得不停刊，俞秀松、施存统被校方开除，连带着浙江一师的校长经亨颐和国文老师陈望道等"四大金刚"也受到了波及，纷纷辞职他往。

031

1920年1月，俞秀松来到北京。这时，他的大名早已响彻京城，陈独秀更是对他十分欣赏。1920年1月1日出版的《新青年》上，有陈独秀一篇《浙江新潮——少年》的短文，他在文中热情地称呼俞秀松等为"我这班可敬可爱的小兄弟"。这时，由北大学生发起的"工读运动"方兴未艾，陈独秀便亲自介绍俞秀松加入了位于北京东城骑河楼半鸡坑7号的北京工读互助团第一组。

北京工读互助团是在蔡元培、李大钊、陈独秀等人支持下，于1919年2月成立的一个以北大学生为主体的学生社团，宗旨为"本互助的精神，实行半工半读"。特点是：在互助的原则下，工学结合、以工养学。成员先后发展至40余人。工读互助团的章程规定，团员每天须工作4小时，工作所得，归团体公有。团员所有生活费用，由团体供给。于是，这些学生一边在学校听课，一边从事办食堂、洗衣、印刷、装订及制造小工艺品、贩卖新书报等体力劳动。试图通过这种组织实现"人人做工，人人读书，各尽所能，各取所需"的理想社会。但终因经费短缺、收入微薄、内部成员意见分歧等主客观因素，工读互助团在1920年3月底宣告失败。

　　这一段经历让俞秀松深刻地领悟到脱离社会实际的空想是无法成功的，于是开始寻找新的出路。他们听闻陈炯明在漳州开展的社会主义运动如火如荼，便决定前往考察。临行前，他们曾致信在浙江一师时的老师沈玄庐，请他向陈炯明引荐。这时，已从北京来到上海的陈独秀，因研究和宣传马克思主义的共同兴趣与沈玄庐过从较密。于是，沈玄庐便把俞秀松即将到沪并欲前往漳州的消息告知了陈独秀。爱才心切的陈独秀，极力将俞秀松和施存统留在了上海，他们最初在《星期评论》杂志社帮忙。

　　《星期评论》由孙中山领导的中华革命党成员所创办，这一时期《星期评论》也是传播马克思主义的平台。俞秀松在此期间，接触到了马克思主义，走上了无产阶级革命的道路。为了深入工人群众，陈独秀鼓励俞秀松"改名换服"，每天到厚生铁厂做半天工。1920年5月1日，俞秀松率领厚生铁厂等各行业工人500多人，参加了上海工人第一次纪念国际劳动节大会。5月间，随着共产国际代表维经斯基的到来，陈独秀等人开始了创建新型政党的政治实践，他们首先成立了马克思主义研究会，俞秀松是最早最积极的会员之一。

　　1920年6月，陈独秀、李汉俊、俞秀松、施存统、陈公培在《新青年》编辑部开会，决定成立上海的共产党早期组织，并起草了党的纲领，年轻的俞秀松也参与了党纲的起草。1920年8月15日，陈独秀和李汉俊为了向工人宣传马克思主义，决定创办《劳动界》周刊。这时，已在厚生铁厂工作了4个月，对工人情况较为了解的俞秀松，也被指定为编辑之一。

　　中国共产党上海发起组成立后，为了更好地在青年中进行马克思主义宣传，并团结聚集于上海的优秀青年，同时也为了从中培养和挑选预备党员，陈独秀决定派人组建社会主义青年团。经过几个月的共事，陈独秀认识到俞秀松工作踏实，既能吃苦耐劳，又有理论修养，早已成为其"左膀右臂"，而且俞秀松也是当时上海党小组内最为年轻的党员，因此便派他负责上海社会主义青年团的组建工作。

033

1920年8月22日，上海社会主义青年团正式成立。最初的团员有俞秀松、施存统、陈望道、李汉俊、金家凤、袁振英、沈玄庐、叶天底8人。众人共推俞秀松为书记，团的机关设于渔阳里6号，并于当年9月开办"外国语学社"。俞秀松任学社秘书，负责管理学社内外事宜。

在上海社会主义青年团和外国语学社的工作进入正轨以后，

俞秀松　　　　施存统　　　　陈望道　　　　李汉俊

叶天底　　　　沈玄庐　　　　袁振英　　　　金家凤

俞秀松开始着手联络北京、广州、长沙、武昌、天津等地开展建团工作，并向他们寄去了上海社会主义青年团的团章。正是因为俞秀松出色的工作，1921年3月，中国社会主义青年团临时中央执行委员会在上海成立时，俞秀松被推选为临时团中央书记。不久，他代表中国社会主义青年团前往莫斯科，出席青年共产国际第二次代表大会。首次在国际舞台亮相，俞秀松就大放异彩，他向大会作的《中国社会主义青年团的报告》赢得满堂喝彩。会后，他留在俄国学习，并负责联系选送国内革命青年赴苏俄留学事宜。

1922年3月，俞秀松回到国内，参加了社会主义青年团的组织整顿工作，并亲自回到家乡筹建了杭州社会主义青年团。1922年5月，俞秀松以上海、杭州社会主义青年团代表的身份出席了团一大，并当选为团中央执行委员会委员。在青年团的创办史上，俞秀松发挥了重要作用，他的功绩被历史铭记。

四、为什么最初叫社会主义青年团？何时改称共产主义青年团？

正如中国共青团团歌所唱的那样——"母亲用共产主义为我们命名"。团组织现在的名称是"中国共产主义青年团"，简称"共青团"是中国共产党的"后备军"。但是为什么在青年团创办初期却叫做社会主义青年团呢？这不得不从当时"共产主义"在世界范围内引起的敌意说起。

"一个幽灵，共产主义的幽灵，在欧洲游荡。"马克思、恩格斯起草的《共产党宣言》开篇第一句话，便以对手方的口吻称共产主义为"幽灵"，接着又说："为了对这个幽灵进行神圣的围剿，旧欧洲的一切势力，教皇和沙皇、梅特涅和基佐、法国的激进派和德国警察，都联合起来了。"这不难听出共产主义对"旧欧洲"统治阶级造成的威胁和震慑。

封建专制时代的改朝换代，只是换了一个人当皇帝，地主阶级仍然是统治阶级，只是地主不再是原来的那些；资本主义社会的总统、总理换届，也不改变资产阶级的统治秩序，社会财富依然掌握在少数人手里。然而，马克思、恩格斯所领导的共产主义革命，却是要实现广大无产阶级当家做主，他们要推翻的是整个资产阶级和封建地主。因此，自然会遭到"旧欧洲一切势力的围剿"。俄国十月革命以后，建立了世界上的第一个社会主义国家，却立即引来资本主义国家的敌视，他们对苏俄进行了经济封锁和战争威胁。

北洋政府也将俄国的布尔什维克党称为"过激党"，把共产主义视作"洪水猛兽"一样严加防范。即便在租界里，宣传共产主义、从事共产主义运动也同样受到禁止。在这样时代背景下，中国共产党自创立伊始便不得不处于秘密状态。因此，直接以共产主义的旗号开展革命活动十分困难。

与此同时，国际、国内的统治阶级对共产主义思潮多有诋毁，致使一般民众对共产主义敬而远之。直到1923年，陈独秀写信给共产国际领导时还坦承："根据经济条件和中国的文明程度只能进行国民革命……现代化工人的数量很少，尽管在这些工人中政治觉悟开始发展，但他们的要求充其量只是直接改善他们的状况和本组织的自由。如果我们想同他们谈论共产主义，他们就会害怕而离开我们。"

036

相较而言，"社会主义"却比"共产主义"听起来更加柔和，也有更为广泛的传播度和受众。古汉语是以字为单位，现代汉语却以词为单位。"社会"这两个字虽然古已有之，但却与现在通行的内涵完全不同。"社"在古时多指祭祀时的集会和仪式，在"社日"往往会组织一些迎神赛会的活动。比如大家所熟悉的鲁迅先生的《社戏》一文，便是记述他少时与玩伴一起看社戏的场景。"会"也是差不多的意思。

晚清西学东渐，翻译家严复最初对于"Society"一词，苦于找不到对译的汉语。可谓"一名之立，旬月踟蹰"，最终以"群"字对译。西方著名政治思想家约翰·密尔所写的《论自由》一书，严复便译为《群己权界论》。后来梁启超从日本人的用法中引入"社会"来替代"群"，却更为流行。这一度令严复十分懊

严复提出的"信、达、雅"的翻译标准，对后世的翻译工作产生了深远影响

恼。严格来说，在汉语中"群"是更接近"Society"内涵的。

现代的"社会"这个概念，在封建时代是不存在的，在清末民初流行开来以后，却深受中国知识界的垂青，谈论社会、社会思潮、社会主义蔚然成风，并不会受到特别的干涉。因此，单就名称来说"社会主义青年团"是可以合法存在的，从事实来看社会主义青年团成立以后也确实可以公开活动。

在当时，"社会主义"一词的内涵和外延比"共产主义"大。因此，共产主义又叫做科学社会主义，是当时众多的社会主义思潮中的一种。1919年，杨匏安在《广东中华新报》上分19天连载系统介绍马克思主义学说的文章，便取名为《马克思主义———称科学的社会主义》。

在这篇文章前后，杨匏安还一口气介绍了《社会主义》《共产主义》《集产主义》《社会民主主义》《国家社会主义》《讲坛社会主义》《基督教社会主义》，除了杨匏安介绍的以外，无政府主义、基尔特社会主义等也十分流行，可见当时社会主义流派的繁杂。

陈独秀最初指令俞秀松以社会主义青年团为名也有扩大团体基础的用意。正如蔡和森所言，中国共产党成立的时候"去哪里找许多真正的马克思主义者呢？真正能够站在无产阶级利益上的人呢？"于是，以社会主义为名也可尽量

杨匏安（1896—1931），原名锦焘，广东省香山县南屏镇（今属珠海市）人，中国共产党早期革命家、理论家。早年游学日本，接触社会主义思潮，是华南地区系统传播马克思主义的第一人

038

团结更多的同志，尤其是传播更广、力量更大的无政府主义者。

最初的社会主义青年团并没有明确其信奉的主义与信仰，只是笼统地以社会主义为号召，因此获得了快速发展。这在当时的历史条件下，既是无奈之举，也是一种策略选择。即便是俄国，也因受到资本主义国家的围剿亟须扩大阶级基础，因此便广泛地与社会主义的各种团体合作。然而，这种粗而化之的办法并不是一劳永逸的，团体中很快便因主义信仰的不同而出现了思想和行动的混乱。例如，1920年11月成立的广州社会主义青年团，就是因为主义信仰不统一带来许多问题，后来只能停止活动了。1921年初春时，共产国际首先开启了与其他社会主义流派的分离，中国社会主义青年团组织也一度陷于停顿。

直到1921年8月后，接受了青年共产国际派遣，担负在中国重建共产主义青年团使命的张太

蔡和森（1895—1931），湖南省湘乡县永丰镇（今属双峰县）人，中国共产党早期重要领导人

张太雷（1898—1927），江苏省武进县（今属常州市）人，中共早期的重要领导人之一、中国社会主义青年团的主要创始人

雷回到国内，联系早先社会主义青年团中的马克思主义派，决定重建社会主义青年团，这才确定了共产主义的指导地位。但团一大的召开并没有立即改变青年团的名字，仍称为"中国社会主义青年团"，个中缘由便在于青年团所处的政治环境在整体上并没有改变。

1925年的团三大正式决定将中国社会主义青年团改名为中国共产主义青年团。恽代英曾就此进行过解释："中国此前之所以存在社会主义青年团的名字，本只是因为防着许多人对于共产主义有很多误会的缘故。""现在人人都知道社会主义青年团成员，都是共产主义者。因此现在必须勇敢的改正共产主义的名字，应当勇敢的揭示我们共产主义者真面目。"自此，中国社会主义青年团的名称完成了它的历史使命，作为中国共产党的"助手"和"后备军"的中国共产主义青年团，正式登上了历史舞台。

1935年11月，为了团结一切抗日青年，反对日本帝国主义侵略，中国共产党决定改造共青团成为民族解放性质的抗日救国团体，各地青年抗日先锋队如雨后春笋般建立起来，直到1949年4月为建设新中国的需要，重建的青年团命名为中国新民主主义青年团。1957年5月，中国新民主主义青年团三大正式决定，将团组织的名称改为中国共产主义青年团。这一名称一直沿用至今。

五、哪些地方成立了早期青年团组织？

由于特殊的历史和社会环境，党组织成立之初便不得不处于秘密状态，而青年团却是可以公开或半公开地活动。因此，最初党的很多工作都是通过团来开展，这就造成很多党员兼有团员的身份。因此，各地早期团组织的创办基本是与各地党组织的建立同步的。

北京的共产党早期组织是张申府和张国焘来沪与陈独秀商议后，回京与李大钊共同谋划成立的。1920年11月，在李大钊的领导下，北京社会主义青年团在北大学生会办公室举行成立大会，邓中夏、高君宇、罗章龙、刘仁静、张国焘、何孟雄等40余人出席会议。这些人多数是五四运动中的骨干领袖，也是与李大钊往来较多的学习马克思主义的积极分子。会上，众人共同推选高君宇为第一任书记。

高君宇，也叫高尚德，在五四运动中因出色的领导才能而被誉为"五四运动之健将"。他虽然未能出席团一大，但却依然被出席代表以最高票数推选为团中央执委会委员，可见其在青年运动中的声望。在周恩来与邓颖超的恋爱道路上，高君宇还曾扮演过热诚的"红娘"角色。1924年秋，周恩来从法国回到广州以后，曾委托由穗北上的高君宇专门到天津看望邓颖超，并带去一封亲笔信。正是高君宇带去的这封信使得邓颖超南下羊城。但令人惋惜的是，周恩来与邓颖超于1925年秋在广州结婚时，高君宇已经因病逝世了。很多年以后，邓颖超还对此深感痛惜。

天津也是较早成立青年团的地区之一，这与李大钊关系密切。天津社会主义青年团的发起人张太雷，在五四时期就读于北洋大学（天津大学前身），他是天津五四运动的学生领袖之一，与当时任教于北洋大学的俄共党员——柏烈伟较为熟悉。维经斯基来华以后，柏烈伟便介绍他担任维经斯基的英语翻译，陪同维经斯基到北京会见李大钊。1920年10月，北京的共产党早期组织成立时，张太雷是最早的成员之一。

北京社会主义青年团成立后不久，李大钊派张太雷回天津创建团组织。1920年11月间，天津社会主义青年团成立，张太雷为书记，成员有谌小岑、胡维宪、吴南如等。1921年1月，张太雷受党、团组织的委派前往俄国的伊尔库茨克，任共产国际远东书记处中国科书记。天津团组织因无人负责便停办了。不久，于方舟在李大钊指导下将原天津马克思主义研究会改组为社会主义青年团，团组织才逐步发展起来。

虽然，天津社会主义青年团存在时间不长，但由其派出的张太雷却成为青年共产国际里最早的中国社会主义青年团使者。由于青年团并没有确立明确的主义信仰，因此团体内部鱼龙混杂，矛盾百出，到1921年春，许多地方的团组织已经名存实亡。1921年8月后，张太雷受青年共产国际委派，在马克思主义旗帜下联络各地陆续重建了青年团，并顺利组织召开团一大。张太雷在青年团早期组织发展史上有着重要作用。

广州社会主义青年团是北大的粤籍毕业生谭平山、陈公博、谭植棠三人回粤以后联络发起的。1920年七八月间，三人同时从北大毕业。当时从北京回广州需要先到上海乘船，因此三人在沪停留时专程拜访他们的老师——陈独秀。此时，正值上海的共产党早期组织成立，于是陈独秀便委托三人回广州成立党组织，并开展团的创建工作。

1922年3月广东社会主义青年团成立时，谭平山曾说道："查青年团前年已经发起于上海，各省成立的也有八区，广州一区在前年八月亦经成立，兄弟亦是当时一个职员。"1922年的"前年"自然是1920年，这说明广州青年团组织在1920年便已存在，这与上海社会主义青年团成立时间相近。

不过，这时的广州团组织仅初具形态，人数不多，也没有开展太多工作。经过谭平山等人多方联络，到11月时队伍已扩大到数十人。这时，他们才在广东高等师范学校召开成立大会，选举了干部，谭平山当选为广州社会主义青年团第一任书记。12月下旬，应广东省省长陈炯明的邀请，陈独秀到达广州主管全省教育工作。陈独秀此行在广州一共待了9个多月，不仅推动了广东的新文化运动，也对广东的党、团组织发展起到重要的推动作用。这是广州社会主义青年团早期历史上比较特殊的地方。

长沙的党、团组织是毛泽东根据陈独秀的指示创办起来的。毛泽东于1918年秋到北京以后，在他的老师杨昌济介绍下在北大图书馆担任管理员。在此期间他结识李大钊和陈独秀，并加入了马克思主义研究会。1920年五六月间，毛泽东来到上海与几位好友成立工读互助团。在此期间，他经常去拜访陈独秀，与他谈论马克思主义和社会问题。

据毛泽东后来回忆："陈独秀谈他自己信仰的那些话，在我一生中可能是关键性的这个时期，对我产生了深刻的印象。"1920年7月，毛泽东返回长沙。临行前，他请求陈独秀多给自己寄些书，而陈独秀也再次督促毛泽东回去后尽早建立起长沙的党、团组织。

1920年八九月间，在法国勤工俭学的蔡和森多次写信给毛泽东讨论建党问题，认为中国必须要走俄国十月革命的道路，并提出要在中国成立和俄国同样的共产党。毛泽东经过深思熟虑，同意了蔡和森的意见。10月间，毛泽东开始筹建长沙社会主义青年团，并发展了刘少奇、陈子博、张文亮等一批优秀青年入团。11月间，毛泽东写信给陈独秀，请他亲自到长沙指导建团工作并获其同意。

最早一批参加长沙社会主义青年团的张文亮，曾在12月2日的日记中写道："泽东来此。他说，青年团等仲甫来再开成立会。可分为两步进行，注意研究与实行，并嘱我多找真同志。"但是陈独秀于12月中旬决定去广州，长沙之行便不能实现。于是，毛泽东决定不再等他，于1921年1月13日正式召开了长沙社会主义青年团成立大会，由毛泽东任书记。

043

青年毛泽东嘱咐：
找真同志

　　武汉也是最早成立青年团组织的地区之一。1920年春夏间，在广州护法军政府担任高官的刘伯垂辞官北返，路过上海时特意去见了昔日的好友陈独秀，与之交换了对国家前途的看法。正在进行建党工作的陈独秀将刘伯垂发展入党，在他回武汉时令其带了一份党纲草案。

　　刘伯垂抵汉以后联系了董必武和包惠僧，开始建立党组织的活动。这时，中共上海发起组成员李汉俊也写信给董必武，并亲自回武汉指导建党工作。1920年秋，武汉的共产党早期组织成立，并于11月7日召开武昌社会主义青年团成立大会，陈潭秋被推选为书记。

　　最早一批成立社会主义青年团组织的地方大多与陈独秀和上海社会主义青年团有密切的关系。后来又以这些组织为中心，进一步扩大了建团的范围。到团一大召开前夕，全国共有18个地方成立了青年团组织，分别是上海、北京、南京、天津、保定、唐山、塘沽、武昌、长沙、杭州、安庆、广州、潮州、佛山、梧州、新会、肇庆和太原。

第三章

青年团成立初期是怎样开展革命工作的?

中国共产主义青年团是中国共产党领导的先进青年的群团组织，是广大青年在实践中学习中国特色社会主义和共产主义的学校，是中国共产党的助手和后备军。

这是最新版的《中国共产主义青年团章程》总则中的第一句话。它明确阐述了共青团作为党的助手和后备军的政治地位。

在党、团成立初期，由于党不得不处于秘密状态，入党的标准又十分严格，而青年团可以公开或半公开地工作，在团员吸纳方面也较为灵活。可以说，社会主义青年团在党成立初期领导的革命工作中扮演了十分重要的角色。那么，社会主义青年团在当时是如何贯彻党的指示开展革命工作的呢？

一、早期青年团成立了哪些干部学校？

1938年毛泽东在延安党的六届六中全会上指出："政治路线确定之后，干部就是决定的因素。"这句话既是对当时革命工作的规划，也是对党的革命经验的总结。在党、团成立初期，一切工作千头万绪，但最核心的问题却是队伍的发展和干部的培养。

1920年初，经共产国际批准，俄共（布）远东局海参崴书记处的领导人之一威廉斯基·西比利亚科夫提议，由远东局外国处组建一个代表团以新闻记者的身份前往中国，指定维经斯基为负责人。这个代表团的重要使命就是"同中国的革命组织建立联系"。在列宁给代表团下达的三项任务中，其中有一项就是"物色一些中国的进步青年到莫斯科东方大学学习，并选择一些进步分子到俄国游历"。前往莫斯科东方大学学习首先要在国内进行语言方面的学习，这就亟须建立一所外国语学校。

上海的共产党早期组织处于秘密状态，但社会主义青年团尚可以公开活动。于是，上海青年团成立以后，维经斯基派他的助手兼翻译——杨明斋在上海青年团的机关所在地创办了一所外国语学社。

1920年9月28日，由上海共产党早期组织成员邵力子担任经理

杨明斋，上海共产党早期组织和社会主义青年团的筹建者之一。中国共产党创立时期著名的革命活动家，与李大钊、陈独秀、张国焘等一起工作过，对党的早期事业作出过重大贡献，周恩来赞誉他为中国共产党历史上受人尊敬的"忠厚长者"

的上海《民国日报》，在醒目位置登出《外国语学社招生广告》：

本学社拟分设英、法、德、俄、日本语各班，现已成立英、俄、日本语三班，除星期日外每班每日授课一小时，文法读本由华人教授，读音会话由外国人教授，除英文外各班皆从初步教起。每人选习一班者月纳学费两元。日内即行开课，名额无多，有志学习外国语者请速向法租界霞飞路渔阳里6号本社报名。

20世纪20年代初，上海环龙路（今南昌路）和霞飞路（今淮海中路）之间，分布着一片典型的石库门建筑群，统称"渔阳里"。这里有条南北贯通的弄堂，近环龙路的一段是老渔阳里；近霞飞路的一段是新渔阳里，通常人称渔阳里。此处很适合设秘密机关：一是由于这里属上海法租界较迟开发的僻静地段，房屋租金比东部旧城区、西部西式住宅区要低不少；二是对口的霞飞捕房管辖范围广，巡捕人手不足，无法对各种思潮和政治活动实施严密监控；三是作为石库门里弄，弄堂有多个出口，每幢建筑

外国语学社吸引了
先进青年前来求学

自成独立空间，均辟前、后门，遇紧急情况撤退方便。所以，老渔阳里2号（今南昌路100弄2号）成了上海社会主义青年团常活动的地方，而团中央则直接设在了上海法租界的霞飞路新渔阳里6号。

在上海外国语学社的授课老师中，教俄文的是杨明斋以及维经斯基的夫人库兹涅佐娃；教法文、日文、英文的分别是李汉俊、李达、袁振英。袁振英是广东东莞人，毕业于北京大学英文系。后来，库兹涅佐娃随丈夫回国，外国语学社又延聘老同盟会会员王维祺之女王元龄教俄文。

外国语学社学员主要由相关人士和团体推荐。1920年10月，刘少奇经长沙船山学社社长贺民范介绍成为青年团员，接着便赴申入学；任弼时、萧劲光等由毛泽东和湖南俄罗斯研究会介绍也前后来到上海；汪寿华、华林等经陈望道、俞秀松介绍，由浙江赶来；吴葆萼、蒋光慈等经陈独秀介绍，从安徽也来到黄浦江畔。只有曹靖华是个例外。

曹靖华是河南人，是开封五四运动的学生领袖。1920年5月，他被推选为河南学联代表前来上海出席全国学联第二届代表大会。在此期间结识了李达。不久他读到上海《民国日报》上的外国语学社的招生广告，遂前往报名。他事后回忆："我在这个外国语学社学习，既没交学费，也没交饭费和宿费，全是S.Y.包了。"社会主义青年团的英语名称是"Socialist Youth League"，因此团内后来均简称为"S.Y."，有时还根据"S.Y."的汉音称为"西怀"。这在特殊的年代对于团组织也可以起到一种保密的作用。

外国语学社除了学习基础外语，还把李汉俊翻译的《马克思资本论入门》、陈望道翻译的《共产党宣言》作为必读书籍。萧劲光曾回忆："我们在这里除了学习俄文，还听讲马列主义的课。我读的第一本马列的书就是外国语学社发的《共产党宣言》，书的封面上有一个大胡子的马克思像。"

学员们一般半天上课、半天自修或做工，常进行政治学习，每周参加一次报告会或演讲会。一些学员曾参与工运工作，并协助中俄通讯社抄写、油印和校对稿件，还为上海共产党早期组织创办的《劳动界》周刊撰稿。包惠僧曾回忆："当时党的一些公开的或半公开的集会，如李卜克内西、卢森堡纪念会，纪念五一劳动节、马克思诞辰、'三八'妇女节等集会都是在这里举行。"可以说，许多学员都因外国语学社的培养而踏上了革命的道路。

1921年2月，春暖浦江，坚定了马克思主义信仰的学员们结束了在外国语学社为时半年的学习。刘少奇、任弼时、罗亦农、萧劲光、王一飞、柯庆施等30余名学员从上海开赴莫斯科，进入东方大学学习。他们后来有很多成为党、国家和军队的重要领导人。最终上海外国语学社还是引起了法租界的警觉，1921年4月29日，法国巡捕突然进行搜查，此后便对之严密监视，外国语学社不得不于8月停办了。

在上海外国语学社停办前后，长沙和广州也差不多同时办起了两所"干部学校"——湖南自修大学和广东省立宣讲员养成所。

1920年8月，毛泽东、何叔衡等人在船山学社开办湖南自修大学，采取以自学为主、教员辅导、共同研究的教学方法。他们非常注重引导学生参加社会实践和学习马克思主义理论。据李维汉回忆：该校是"湘区党组织的一个宣传文化阵地，也是掩护党组织秘密活动的一个地点"，不少学员"参加党和团的工作"。在湖南自修大学开办的两年间共有200余名进步青年进校学习，培养出李维汉、陈赓、贺尔康、易礼容和毛泽覃等革命骨干。

1921年8月底，广州市素波巷19号迎来了广东省立宣讲员养成所的开学典礼。该所由陈独秀在广东省教育委员会中拨出经费，由谭平山、陈公博、谭植棠、杨章甫、谭天度等为教员。陈公博在中共一大上提交的报告明确指出："成立了由宣传委员会直接领导的宣讲员养成所，并委派我为该所所长。这个养成所是广东省进行社会教育的主要机构，很多教员都是我们的好同志。我们希望养成所附设工人夜校和工人组织工作学校。"可见该所是广东党组织实际领导的一所学校。

051

养成所学员大多由各县选派，不收任何费用，学员还可以每个月领10元津贴。课程内容除国语、常识等课程外，还有社会科学、共产主义知识等。在该所毕业的学员很多都成了党在大革命时期的重要干部。与此同时，由维经斯基派来广东建党的米诺尔及其夫人，也曾在广东高等师范学校创办了一所俄语学校，开设"俄罗斯""现代思潮""世界平民文学"等课程，对于马克思主义和俄国革命也起到了一定的宣传作用。

不管是上海外国语学社、湖南自修大学，还是广东省立宣讲员养成所，它们都是初具形态的青年团早期干部学校，虽然开办的时间很短，办理的条件并不完善，却从里面走出了最初一批党、团干部，其中有不少人为党的革命事业作出了重要的贡献。这些早期干部学校不仅为党、团干部教育工作积累了经验，也在中国革命史上留下了光辉篇章。

二、早期青年团如何开展革命宣传？

顶着炎炎烈日、高站讲台、紧握拳头、慷慨激昂地向围观的群众发表演讲，这般场景常常见于反映学生运动的影视题材中，也是热情似火、心潮澎湃的五四新青年们的典型形象之一。不过，当众演讲可不是谁都行的。

在五四运动中表现积极的张国焘事隔多年在回忆五四运动

时，还对自己第一次上台演讲时的紧张与慌乱印象深刻。他虽然扯开了嗓门最终也博得满场掌声，却落了个"群众运动"的诨名。原来张国焘为江西萍乡人，在萍乡方言中"群众运动"这四个字的发音与普通话有很大的区别，所以让听众好生琢磨了半天才明白过来，后来便以此打诨。这虽是五四运动中的一件趣事，却反映了一个重要问题——"革命"的技术。

社会主义青年团成立后，由于规模不大、人手不足，从事的主要工作便是开展马克思主义和革命宣传，演讲、办刊、办话剧社、办工人补习学校、办夜校等均是青年团早期宣传工作的重要内容。那么，早期的青年团干部究竟是如何开展宣传工作的呢？

当众演讲，克服心理关

当众演讲不仅是五四青年要克服、锻炼的一关，也是青年团早期成员向群众开展宣传活动的必备技能。克服了紧张的心理也不算就获得了能力，一位受到北京爱国学生情绪感染的老牧师，就曾批评张国焘等人的演讲词不够通俗，没有从人民切身问题说起，也没有将人民受痛苦的根源和爱国运动联系在一起。因此，即便大家嗓子都喊哑了，对听众而言也不过是凑了一番热闹，根本起不到预期的作用。老牧师一席话让大家茅塞顿开，从此他们开始注意打磨演讲词、声调、表情、时间掌控等演讲技术，演讲效果得到了极大的提升。当他们加入青年团并深入工农群众中演讲宣传时，早已是深怀"绝技"的能手。

在早期团组织内部，也有针对同志们的"发表力"进行专门训练的程序，从难易程度上可分为三级：第一级为组织内部的个别谈话，先锻炼勇气，克服"怕丑、怕错、脸红"等畏难心理；第二级由内部小组会到外部陌生环境，提高同志的瞬时反应和临场发挥能力；最高级则是从语言到文字，大家都要时时刻刻琢磨如何让革命的理论通俗易懂。

李立三在安源办工人夜校时，便十分注意将革命道理说得浅显易懂。例如，他把"工人"两个字紧凑些竖排写下，便拼成了一个"天"字，他告诉来学习的工友，"我们工人就是天，所以天下是广大工人的天下"。很多年以后，一位听过李立三讲课的工人还清楚地记得他怎样讲解工人团结起来的重要性。李立三拿来一根筷子和一把筷子做示范，一根筷子一折就断了，一把筷子捆在一起就不容易断，"这个简单的比方发人深省"。

创办进步报刊也是早期青年团大力传播马克思主义、宣传革命思想的重要内容。其中，团的第一份机关刊物——《先驱》起

《先驱》是中国社会主义青年团第一份机关刊物。图为《先驱》创刊号

到了重要的作用。

　　1922年1月15日《先驱》在北京创刊，前三期由北京社会主义青年团主办，邓中夏、刘仁静主编。第4期迁往上海，由社会主义青年团临时中央局接手，负责编辑工作的是施存统，蔡和森、高君宇等也参与编辑工作。

　　从第4期开始，《先驱》的文章内容更趋多样，有很多配合青年革命运动的宣传内容，也有很多革命纪实性的文章，尤其关注团的建设问题，并初步提出了青年革命的方向与号召。

　　《先驱》发行之时《新青年》已经休刊，《共产党》月刊也已停办，《向导》尚未发行，因此它在宣传中国共产党和青年团的政治主张方面起到了十分重要的作用。比如，1922年春，为抵制在清华学校举办的世界基督教青年大会，《先驱》专门出版了一期"非基督教运动专号"，掀起了一场席卷全国的非基督教运动。中国共产党的第一份对时局宣言也是最早在

《先驱》上发表，它第一次将中国共产党的政治立场介绍给世人，具有重要的文献价值。

1922年2月26日，广东社会主义青年团的机关刊物——《青年周刊》正式创刊。杨匏安为其撰写创刊宣言，旗帜鲜明地宣布："我们最服膺马克思主义！"杨匏安连载的《马克思主义浅说》一文，更是通俗地、系统地介绍了马克思唯物史观、阶级斗争和剩余价值三大学说，促进了马克思主义在广东的大众化传播。

除了演讲和办刊外，当时的青年团还经常采取其他一些更为灵活多样的宣传形式，例如通过排演话剧来批判资本家对劳工的剥削。话剧本是舶来品，在新文化运动中成为较为流行的一种文艺形式。周恩来在天津读中学时便是个铁杆话剧迷，他曾经男扮女装反串《一元钱》里的孙慧娟，大受观众好评，连京剧大师梅兰芳都曾慕名前去捧场。

广东社会主义青年团1922年成立以后便成立了"青年团白话剧社"，由谭平山任剧社主任。编剧、配景、演员尽数都是团员。3月14日，广东青年团举办成立大会，来宾共有3000余人。会上举行了各种文艺表演，最后一项便是青年团员自编自演的一出话剧——《碧海燐香》。该剧共分为恶机、庭逼、忠告、恨海、冤薮几幕，深刻揭露了资本制度下纨绔子弟因争夺遗产而酿出的悲剧。该剧上演后大受"社会嘉赞"，在无形中对青年团做了宣传。

还有一些地方团组织对于传统文化习俗善加利用来达到宣传马克思主义和革命理论的目的。比如，李立三在安源煤矿办夜校时将反映工人受压迫、受剥削的内容用千字文的形式写入课本当教材。李立三还利用元宵节举办舞狮活动的传统习俗，派人抬着马克思的半身像加入游行的队伍。他还从工人中选出善舞狮者加入其中，不料这位工人技艺精湛，大受观众喜爱，很多群众想要拜他为师。于是，李立三趁机向聚集的人群说道："李先生叫我们从今以后不要学打了，也不再教拳了。只有读好夜书，才能走正路，要读书就跟我们去。"结果，有大批的新成员加入了安源煤矿的工人夜校接受马克思主义和革命的宣传，后来也有不少人走上了革命的道路。

三、知识青年如何与工人打成一片？

1954年，毛主席宴请新一届中央军事委员会成员时，特意邀请了几位当年与他一起工作过的安源工人出席。席间，毛主席回忆起当年第一次到安源煤矿开展工人运动时的情形，他说："当年接受了马列主义教育之后，总认为自己是个革命者了。可哪知道一去和煤矿工人打交道，由于自己还是一副学生腔、先生样，工人不买账，我们也不知道怎样做工作。现在想起来真有意思，成天只知道在铁轨上转来转去。"

马克思主义政党的阶级基础是无产阶级，这是没有疑问的。但是，由于客观的历史和社会条件，在中国共产党和社会主义青年团初创时期，成员大多以知识分子和在校学生居多。而初步树立起马克思主义信仰的知识青年在走向工人中的时候，便碰到了很多现实问题，其中最为棘手的便是"工学界限"的问题。

从孟子提出"劳心者治人，劳力者治于人"的封建思想以后，传统中国对于"四体不勤，五谷不分"的读书人便十分尊崇。所谓士农工商，读书的"士"为社会中的第一等人。个中道理在于读书的前途是金榜题名，是"学而优则仕"，是当官老爷。即便是科举不中，走向开馆授徒的乡间私塾先生，也同样是培养读书人的先生。1920年前后，民国虽已建约10年，然而社会观念尚没有彻底变化，在文化水平不高的工农群体中更是如此。那么，这些最初的革命知识青年究竟是如何突破与工人之间的界限，与工人打成一片的呢？

1920年下半年，穿着长褂、戴着眼镜的北大马克思主义研究会的学生们前往长辛店开展工人调查。工人们对他们的身份和行为十分怀疑。他们认为自己只是下等的工人，干着最脏最累的活，大学生都是金枝玉叶、国家栋梁，将来走的是升官发财的康庄大道，因此不相信学生真会来帮助工人。有工人甚至戏弄前来宣传社会主义革命的青年团员称："小伙计，你们卖的是哪一号膏药？"简直把我们的同志当成了江湖骗子。

而且，当时在大城市读书的学生来自全国各地，在语言上也与周边的百姓格格不入。例如，北京马克思主义研究会中有一位来自广东的同学，他也曾自告奋勇申请去丰台搞工运。开始时满腔热情，饿了啃馒头、困了睡车站，结果工作却毫无进展，因语言不通甚至不能与工人交谈。他回到北京以后像个泄了气的皮球，不停地埋怨自己："我实在不行，这工作真难办，恰似白狗吃青天，不知从何处下口。"

为了获得工人的信任，尽快打开局面，有些同志想到了旧社会的一般做法——与工人歃血为盟、结拜把兄弟。李立三在安源煤矿搞罢工时、李启汉在上海帮会工人中、杨殷在广州工人中都曾采取过这种办法。但是，这种方式流弊甚多，而且很多文质彬彬的在校学生也学不来。

为了攻克工人对学生的不信任难题，北京党、团组织曾举行多次会议，最后认识到要想与工人打成一片，首先得在生活方式上工人化，穿工人的衣服、学工人的语言、与工人同吃同住。他们还把工人对学生来到他们中间搞革命的普遍怀疑总结出来，作出统一回答，并编成小册子作为党、团员训练材料。

与此同时，他们还反过来利用自己读书人的身份，在工人聚集的地方办补习学校、夜校等，给工人当"先生"、免费给工人子弟传授知识等。有时，他们也当起工人的"账房先生"，免费替他们写家书、写对联等，甚至还发挥外语优势替工人讨公道。

青年学生给工人当"账房先生"，免费给他们写家书、写对联，在工作中、生活中与工人打成一片

　　例如，有一个北京郊区修车厂的工人叫吴国有，他屡受工头的欺压，却诉说无门，听了北大学生的宣传遂跑来求助。当时同志中有通法文者名王复生，他眉头一皱便计上心来。王复生将其遭遇写成法文信交给他，请他带给该厂的法国总管。结果大起作用，法国总管找到工头严厉斥责，此后这个工头再也不敢欺负工友。事后，吴大哥逢人便讲是学生先生摆连环计解救了他。众人不明，他解释道："王先生给外国人写的信，大环套小环，中间杂些芝麻雨点。""大环套小环"指法文的字母，"芝麻雨点"则是指标点符号，此番妙论说得大家哈哈大笑。这样的事情多了，学生与工人之间的距离便逐渐拉近了。

　　当时，由于在长辛店工作的北大学生几乎全是南方人，因此有本地的同志专门给他们编了一本《应用京话词汇》，比如店主人要称"掌柜的""当家的"，乱说话叫"胡诌"，乱行动叫"瞎闹"，散步叫"溜达"，不要得说"别"……当时大家把这本"实用宝典"揣在怀里随时翻阅，没过多久竟然说话都像当地人一样了。

　　最初，党、团成员到工人中时彼此都很客气地称呼对方，例如北大学生见工人称某师傅，工人见学生则称某先生。后来彼此熟络起来，开始按唱本、小说、戏曲中的形象来互相起外号。比如张国焘足智多谋，被称为张孔明，高君宇举止斯文，则被称为老夫子，李震瀛高大魁梧被称为关西大汉，邓中夏好夸海口则被叫邓大炮，何孟雄与人交谈十分腼腆被戏称为小闺女，王尽美机智勇敢被叫做盖韩信……以绰号相称体现出彼此之间的关系亲昵。这时候已可看出校园内的读书人受到工人的接纳。

　　随着革命的推进，走向工人的知识青年在与资本家作斗争的过程中，实实在在赢得了工人的信任。他们为工人争取八小时工作制，要求合理的加薪与福利。在每次罢工斗争中，他们总是冲在最前面，靠他们的政治和法律知识与资本家作斗争。工人们开始认识到党、团组织是真正为工人谋利益的，"是工人们难得难遇的"，还有工人呼吁与同志们"结义"，"联合干咱们的事业"。有很多工人因此申请入党，知识分子与工人紧密地结合在了一起。

第四章

早期青年团组织遇到了什么困难？又是如何解决的？

团是在党的领导下建立的，党在成立之初就开始着手建团的工作。早期青年团在成立之初也遭遇了许多问题与挑战，陷入过停顿，也经历过重建，让我们一起来看看他们是怎么克服这重重困难的。

一、为什么青年团会陷于组织停顿？

1920年8月，上海首先建立了共产党的早期组织，书记陈独秀明确提出"要组织一个社会主义青年团，作为中共的后备军，或可说是共产主义的预备学校……加入的条件不可太严，以期能吸收更多的青年"。

8月22日，在上海共产党早期组织领导下，上海成立了社会主义青年团。随之，北京、武汉、广州、长沙、天津等地相继建立了社会主义青年团。在一片热热闹闹、如火如荼的青年团组织活动后，过了不到一年的时间，全国多个地方的青年团组织工作却又陷于停顿，这是为什么呢？

实际上，由于青年团早期组织中很多青年人思想不统一，加上人员、组织混杂等因素，很快陷入发展困境。1921年5月前后，各地青年团先后停止了活动。

究其原因，主要是在各地建立的早期团组织中，普遍存在着思想信仰的分歧。正如中国社会主义青年团第一次全国代表大会的文件（1922年5月）所指出的："那时的中国社会主义青年团，只不过带有社会主义倾向，并没有确定哪一派社会主义。所以分子就很复杂，马克思主义者也有；无政府主义者也有；基尔特社会主义者也有；工团主义者也有；莫名其妙的也有。""因为分子复杂，所以凡遇见一件事情或一个问题各人所提出的解决方法或意见，就不能一致，常常彼此互相冲突"，因此，团的活动开展和组织发展深受影响。

加上缺乏经费、人事变动等原因（当时团组织的领导人张太雷于1920年底、俞秀松于1921年3月先后赴苏俄参加会议），团逐渐陷入停顿，直到1921年5月，上海、广州、北京、天津等一些地方团组织，相继出现过活动暂停的现象。

1921年8月，张太雷从苏俄回国，带回了青年共产国际关于建团的指示。在党的委派下，张太雷、施存统负责团的整顿工作。经过大约半年的整顿，青年团逐渐恢复了生机。

 ## 二、为什么党委托张太雷恢复和整顿青年团？

前文提到，继上海社会主义青年团成立后，全国各地纷纷成立青年团组织。其中，天津社会主义青年团就是在张太雷的领导下建立的。作为天津社会主义青年团书记，张太雷负责起草了天津社会主义青年团团章。这份团章高举马克思主义旗帜，明确表示团的宗旨是"研究和实现社会主义"，是早期地方团组织团章中比较好的一份，还曾受到当时共产国际远东书记处的点名赞扬。张太雷组织出版《劳报》〔后改名《来报》，取英文"Labor"（劳动）一词的谐音〕，努力宣传马克思主义，带领团员和青年到工农群众中去，并积极吸收先进的青年学生和工人入团，为党储备了后备力量，同时也在实践中摸索和积累了丰富的建团理论和工作经验。

1921年7月，中国共产党正式成立之后，开始着手恢复和整顿青年团组织。根据青年共产国际的指示和中共中央局加强对青年团工作领导的意见，张太雷担负起了恢复和整顿社会主义青年团的重任。

党选择张太雷负责青年团的整顿工作，除了他先前有丰富的建团理论积累和工作经验，还有一个重要原因就是他作为中国共产党的"国际使者"，深谙国际青年运动的形势和任务，对青年共产国际关于中国青年运动和建团的指示最为了解。

1920年4月，共产国际东方局派维经斯基和杨明斋来到中国。维经斯基和杨明斋在中国期间，张太雷曾作为翻译陪同他们先后拜访了李大钊、陈独秀等中国最早的一批马克思主义者，商讨在中国建立共产党的事宜。此后，他受党的委派于1921年1月到苏联参加共产国际远东书记处的工作，参加了共产国际第三次代表大会，并和俞秀松一起作为中国社会主义青年团代表参加了青年共产国际第二次代表大会并发言。8月，他回到国内，带回了青年共产国际对中国建团的指示并向中央局作了汇报。

那么张太雷是如何恢复和整顿青年团工作的呢？他主要从两个方面着手开始工作：一是统一思想。通过制定纲领、团章，确立团的马克思主义信仰。1921年11月，张太雷起草了《中国社会主义青年团临时章程》，确定中国社会主义青年团为信奉马克思主义的团体，"以研究马克思主义、实行社会改造及拥护青年权利为宗旨"。经过整顿，有一部分原来的团员，因信仰上的分歧而离开了团；一部分人则转变立场，接受了马克思主义。青年团取得了思想上的统一，团的成员不再像过去那样复杂。二是强化组织领导。在他的领导下，以上海社会主义青年团为临时中央局，领导和推动全国各地团组织的恢复整顿工作。1921年11月中共中央局向党内发出了由中央局书记陈独秀签署的通告，要求各地党的组织切实注意青年运动，青年团"望依新章从速进行"，并提出"全国社会主义青年团必须在明年7月以前超过2000团员"。

三、整顿后的青年团有哪些变化？

中国共产党的建立，经历了一个由弱小走向壮大、由分散走向统一的过程。这个过程中，马克思主义的基本原理同中国工人运动实践不断深入结合、发生反应，催动了各地共产党早期组织逐渐发育成熟，最终，一个全国统一、规范严密的政党成立了。

青年团的建立也经历了一个类似的过程：在正式建团之前，上海、北京、武汉、广州、长沙、天津纷纷成立了一些青年团的早期组织。这些早期青年团组织发展并不顺利，在成立之后不久就一度陷于停顿。施存统于1923年2月在《先驱》发表的《本团的问题》中提道："我们中国社会主义青年团，从1920年8月成立以来，其间经过了不少的困难和挫折，并且自行解散过一次。"

可以说，如果不是党对青年团的及时整顿，那么团就不能顺利地建立起来。那么，整顿之后的青年团，又有哪些显著的变化呢？

一是思想上确立统一信仰。通过制定纲领、团章，正式确立了马克思主义的指导地位，根本上解决了之前思想混乱的问题。同时，在团临时中央局的指示下，北京、广州等各地方团组织旗帜鲜明地开展了与无政府主义的坚决斗争，进一步明确了团的宗旨和使命。

二是人员上吐故纳新，不断壮大。通过斗争，原来团员中的无政府主义者一部分退出去，还有一部分厘清了思想，改变政治立场，信奉了马克思主义。同时，积极吸纳青年工人入团，改变了早期团组织由青年学生占绝大多数的情况。在广州，谭平山等人在恢复青年团工作的过程中，把佛山土木建筑工会的1500多名会员和理发工会的600多名会员都发展到青年团中来，广东社会主义青年团团员近3000人，占了当时全国团员总数的一半。

三是组织上规范严密。以上海社会主义青年团为临时中央局，领导和推动全国各地团组织的整顿恢复工作，并由中共中央局向党内发出了由中央局书记陈独秀签署的通告，要求各地党的组织切实注意青年运动，认真开展青年团整顿。经过整顿，各地一度陷于停顿的社会主义青年团组织面貌焕然一新。

经历过凤凰涅槃后的青年团，开始焕发出勃勃生机。据统计，截至1922年5月（中国社会主义青年团第一次全国代表大会召开前），已恢复和建立团组织的地方有18处，它们是：上海、北京、南京、天津、太原、保定、唐山、塘沽、武昌、长沙、杭州、安庆、广州、潮州、梧州、佛山、新会、肇庆，全国团员约5000人。由此可见，此时的青年运动已渐成燎原之势，在中国共产党领导下，全国统一的青年团组织呼之欲出。

第五章

团一大为什么
在广州召开?

粤人者,中国民族中最有特性者也,其民族与他地绝异,言语异、风习异、性质异,故其人颇有独立之想,进取之志。

——梁启超

吾粤之所以为全国重者,不在地形之便利,而在人民进取心之坚强,不在物质之进步,而在人民爱国心之勇猛。

——孙中山

我心中对于广东充满了我的希望。

——陈独秀

在远东,广州是唯一勿需打扰当局就可以建立常设代表处的城市。

——共产国际

一、1922年的广州具有怎样的政治环境？

用当时广东团组织负责人谭平山的话来说：广州政治环境"比较的自由"。团一大的召开地一开始并不定在广州，而是选在了上海，开会时间是4月，各地的团组织原本都已经收到了来自上海的通告。但是如果真的在上海召开会议，在当时的情况下，却比较难。这是因为，半殖民地半封建社会的中国的大部分地区处于帝国主义和地方军阀的实际控制之下，他们特别痛恨革命运动，所以总是想办法破坏。

1921年7月，中国共产党全国第一次代表大会在上海召开时，部分出席者还不得不打着"北京大学暑假旅行团"的名义住在博文女校的女生宿舍里。虽然当时参会的人数也不多，仅有15个人出席，但即便如此，中共一大还受到密探的干扰，不得不转移到嘉兴南湖继续开会。正如袁振英在《中国共产党小组（原名中国社会主义青年团）的产生》①中回忆的："当时法界当局对革命党的行动极为注意，上海的流氓密探等也常常有勒诈的行为。"在这种情况下，选择上海召开团一大虽然并非不可能，但是要想那么多名来自五湖四海的代表在上海顺利开会，又不被干扰破坏，还是挺难的。

与上海相比，当时广州的政治环境就不同了。20世纪20年代初的广东是孙中山进行革命活动的基地。在深受孙中山民主思想影响的广东，革命形势迅速发展。1920年10月，孙中山等调动策划粤军，打跑了祸害广东多年的桂军，收复了广州，随即孙中山

---

① 原文如此。

等人领导的革命政权在广州建立，整顿吏治，改善政策，使得广州的气象面貌好了很多。

尤其是，在革命政权建立后不久，广州政府就宣布废止袁世凯在位时所订的《治安警察条例》。废止该条例后，老百姓的生活比其他地方自由多了。袁世凯在1914年3月2日公布的《治安警察条例》中规定："禁止政治结社及同盟罢工，规定学生不得政治结社，也不得参加政治集会。"在这个条例制约下，人们根本没有建立政治团体、召开政治会议的自由。陈独秀就说过，过去法律的祸害，莫过于这个《治安警察条例》，它妨害人群的进步，妨害社会生活，妨害公共利益。它的废除"就像是解除了颈子上一条大而且重的铁链"。这个条例被废除，影响如此之大，因此也被写入了中共中央文件。1922年6月，《中共对于时局的主张》中提道："广州政府废止《治安警察条例》是维护民主政治的表现。"随着这个条例的废止，在广州公开的游行、集会就成为可能，人们也可以相对自由地发表对政治的见解，工人还可以进行罢工和示威游行等活动。

香港海员大罢工的举行就是广州相对于其他城市"比较的自由"的一个例证。1919年五四运动前，中国海员工人已达15万人，大部分在上海和香港两地的外国资本企业中工作。旧中国的海员不仅劳动工时长、工作劳累、收入低微，而且饱受帝国主义者的压迫和歧视，以及封建主义的奴役和剥削。他们在船上干的是生火、水手、侍役等最繁重、最"下等"的工作。船上劳动条件、生活条件非常恶劣，每天工作12小时以上，他们还必须面对随时被解雇甚至死亡的窘境。繁重的工作之外，他们还遭受种族歧视，工资只有同工种白人的1/3，甚至1/5。中国

中国海员饱受压迫和歧视，
与白人海员同工不同酬

海员没有讲话的权利，人身安全和自由毫无保障，在国外一些港口，甚至不让中国海员上岸，不允许中国海员进入饭店、酒吧、理发店。

1922年1月12日，面对不断飞涨的生活费和长期被包工头剥削的惨状，在第三次向资方提出适当增加工资，以应对不断上涨的物价的合理诉求被无理拒绝后，香港的海员忍无可忍，在海员总会的组织领导下，开始举行大罢工。短短一个星期内，罢工规模迅速扩大，海员纷纷从香港返回广州。当时的广州市市长孙科欢迎罢工工人的到来，广州各工会给了香港海员积极的支持和协助。在广州的帮助下，历时56天的香港海员大罢工宣告胜利结束。广州10余万工人在东校场举行大会，欢送香港工人胜利返港。会后还举行大游行，先后加入游行者达30余万人，罢工的胜利，推动了中国工人运动的发展。

在思想文化领域，国民党主要领导人孙中山，去过欧洲、美国，又懂外语，所以对社会主义等新思想也很了解，对马克思很佩服，对新文化也很支持。掌握军权的陈炯明，在1920年率军驱逐了桂系（旧桂系）军阀进入广州后，也对新文化运动的"民主与自由"表示积极拥护。他还提出要先在广东一省之内实现"民主与自由"以为模范。所以，当时中国共产党在广州的宣传物，像《广东群报》（中共广东组织的宣传机关报）、《劳动与妇女》、《新青年》、《青年周刊》等报刊的作者不乏国民党中的

071

香港海员大罢工取得胜利，
推动了中国工人运动的发展

重要人物。传播马克思主义思想的集会，他们也时有参加。正因如此，广东党、团组织的领导人谭平山写信向施存统建议，"大会地点，如能够改在广州更好，因为比较的自由"。团一大会议中，出席者黄璧魂也曾在发言中说："以中国来计算，只有广东可以自由，所以我们竭力起来运动。"汕头团员叶纫芳也在发言里说："须知现在中国政府除开这个广东省，言论出版结社之自由，还是未曾得到的。"这一切表明，相对于上海的政治环境，广州更自由，这就成为广州的独特优势。

共产国际、俄共（布）远东局也对广州非常重视。共产国际是一个在列宁领导下建立的各国共产党和共产主义组织的国际联合组织，成立于1919年，总部位于莫斯科，成员最多时包括70多个国家和地区的共产党组织、400多万名党员，对当时中国的革命运动发展很上心。俄共（布）就是俄罗斯共产党（布尔什维克）的简称，远东局是俄共（布）在远东地区的分支机构，专门负责与中国、朝鲜、日本等国革命者联系。

1921年12月，张太雷陪同共产国际代表马林来到桂林大本营会见孙中山，探讨建立革命统一战线的可能性问题，张太雷担任翻译。张太雷重点与孙中山谈了如何发动青年，尤其是南方地区的青年参与革命行动的问题。他们此后在广东多地停留，鼓励青年，向青年宣讲革命道理。马林等人和孙中山会晤后，1922年4月，青年共产国际代表达林来到广州，通过会议传达了共产国际的最新指示精神，主要涉及劳工运动和青年运动，以及对待国民党的态度问题，这些精神后来都体现在团一大的文件中。青年共产国际又称少年共产国际，是共产国际领导的各国革命青年的国际组织。出于建立统一战线的考虑，共产国际高度关注广东青年运动的发展，积极支持团一大在广州召开。

俄共（布）远东局海参崴书记处的领导人之一威廉斯基·西比利亚科夫在1922年4月6日的信中提道："望您筹措经费，我给达林弄到6000墨西哥元借款，他已携款由我们两名久经考验、忠实可靠的优秀中共党员陪同去南方了。""在广州，我们打算召开中国青年代表大会，希望这次会议为我们今后的工作提供广阔的基础。"海参崴，俄罗斯称符拉迪沃斯托克，是俄罗斯太平洋沿岸重要港口城市。1860年11月14日《中俄北京条约》将包括海参崴在内的乌苏里江以东地域割让给了俄罗斯。俄共（布）远东局选择在海参崴建立分局，正是因为海参崴这"东方的门户"跟中国联系方便。

1922年5月，共产国际代表利金考察广州后，在报告中提道："我确信：中国目前的形势把对我们小组工作的组织改革提到了首位。这次改革可归结为把工作重心转移到广州。这样做有许多理由，最重要的理由是：1. 现在在南方有广泛的合法条件；2. 在广州有最先进的工人运动；3. 最后，广州是国民党的活动中心。"

这表明在当时的情形下，共产国际考虑到广东的自由环境、较为发达的工人运动以及国民革命运动，也是倾向于将会议地址改为广州。

二、马克思主义信仰是怎么成为广州青年的必然选择？

广州是中国的南大门，靠近海洋，又是通商口岸，地理位置便利。中国和西方的思想文化很早就在这里交融，社会主义思想很早就在广州及周边地区传播开来。1900年，广东人梁启超在《清议报》上发表文章的时候，就使用"社会主义"一词。广东人孙中山早在1896年旅居伦敦时就知道了马克思。1912年10月，他还连续三天发表《社会主义之派别及其批评》的演讲，他说马克思"研究资本问题垂30年之久，著作《资本论》一书，发阐真理，不遗余力，而无条理之学说，遂成为有系统之学理。研究社会主义者咸知所本，不复专迎合一般粗浅激烈之言论矣"。也就是说，孙中山认为马克思对资本主义有着很深而长期的研究。这恰恰也说明孙中山本身对马克思和社会主义也是很关注的。孙中山还说："马克思所著的书和所发明的学说，可以说是集几千年来人类思想的大成。所以他的学说一出来之后，便举世风从，各国学者都是信仰他，都是跟往他走。""现在研究社会问题的人也没有哪一个不是崇拜马克思做社会主义中的圣人。"这些都证明孙中山很佩服马克思的思想学说。

此外，还有不少活跃在广东的人以其他的方式也接触到了马克思主义。1915年至1916年，广东省香山县南屏镇北山村（今属珠海市）人杨匏安在日本游学，广泛接触了西方各种新思潮、新学说。1916年归国后，他先后担任广州时敏中学国文教师、教务主任兼任《广东中华新报》撰稿者。1919年7月至12月间，他曾撰写或编写了《社会主义》《共产主义》《马克思主义——一称科学的社会主义》等40多篇文章。根据学者的考证，其中《马克思主义》一文是对顾兆熊、李大钊、陈启修稍早发表于《新青年》第六卷第五号的三篇文章的有关内容进行改写、加工和统编而成的。他颂扬马克思主义为"科学社会主义"，"《资本论》

一书，劳动者奉为经典"，认为列宁等人"主张之共产主义，最得平民劳动者之欢心"。"俄国有李宁（即列宁），而历史上顿增一种光彩。""自从十九世纪出了一个马克思之后，令以前的社会主义，在理论上和实际上都失掉了光辉，以后的社会主义，犹如得着一条明朗豁豁的道路；马克思主义的潮流，竟一天一天的澎湃起来。"

075

湖北人刘伯垂曾经在广州出任广东军政府高等审判厅厅长，1919年辞官后，在广州自费创办《惟民周刊》。他认为："自安琪主义（即无政府主义）与波尔雪勿主义（即布尔什维克主义）表现以来……风靡云涌，弥漫大陆。"所谓惟民，则是平民主义思潮的另一种表达。刘伯垂不仅将民主主义纳入社会主义的概念之中，他还用"所有制"和"阶级制度"等观点分析社会发展变化和社会政治现象，这表明他已逐步接受马克思主义的观点。

此外，1920年至1921年，军人出身的湖南省安福县人林修梅在内乱不断、军阀混战的局势中，深感资产阶级民主革命救不了中国，只有从社会制度上动手才能解决根本问题。他分析中国经济、政治情况以后指出："我相信马克思派的共产主义，在中国今日社会情形，最为合适。"他还告诉人们"社会主义是世界人民的救星"，"我们唯一的方法，只有把社会主义实现起来"。他在广州期间，还写下了《社会主义之我见》《社会主义与军队》等，批驳马克思主义不适合中国国情的观点，提出把中国军队改造成"农工军"的观点。

对于曾经在北大读书的广东高明人谭平山而言，第一次世界大战的惨痛教训，也让他的思想迅速朝着"社会主义"的方向发展，他认为："将来为政界分界的，就是社会主义与非社

*德*先生（Democracy）和赛先生
（Science）是当时青年的社会理想

会主义。"谭平山在《我之政治的目的》中说国家也是人类社会
之一，而过于崇尚国家主义、利己主义、军国主义的结果就是造
成惨绝人寰的世界战争，导致了社会灾难。"许多不合人道的
主义：如单调的国家主义，绝对的利己主义和教唆杀人的军国
主义，至酿成今回伤心惨目的大战争，社会的生机，几乎灭绝
了。"因此，在他的心目中理想的社会应该与互助、组织、平
等、民主等概念是紧密关联的。正如他说的："社会发生的种种
动机，都根源于人类的欲望"，而国家主义和个人主义过度发展
的结果就是人类社会的悲剧，因此需要"依互助主义，扶助他
人"。因此，在他看来带有互助色彩的社会主义也就成为社会改
造的首选了。1919年3月25日，谭平山在《"德谟克拉西"之四

面观》中将政治、经济、精神和社会并列为四面。所谓"德谟克拉西"就是英语"Democracy"的音译，意思是"民主""民主运动"，也被当时的人们亲切地叫做"德先生"。其中在社会的德谟克拉西中，他提出了国家社会主义和讲坛的社会主义两种概念，这两种概念对应的是根本解决和渐进改良。谭平山倾向的是根本解决。他引用了列宁的讲话，指出："布尔塞维克派确有统一俄国的把握。""恐将来他的主义，会弥漫全世界。"他认为虽然各国高压防范布尔塞维克派，但是潮流所趋，只能顺导，是阻拦不住的。他在《我之改造农村的主张》明确地说："因为改造社会要向实际上改造，要向根本上改造和要向最大多数之最大幸福那方面着想。"在他心目中，社会主义即代表着潮流、代表着全世界发展终极方向、代表着"最大多数之最大幸福"。

在广东海丰人彭湃心目中，社会主义主张在于社会的全体改造的主义，主张社会革命就要提倡社会主义。他的《谁应当出来提倡社会主义》一文虽然发表在1922年6月，却也能从某种程度上体现他在五四运动前后对于社会主义的认知。他说："社会主义并不是主张社会一部分的改良，是主张全体的改造。所以社会主义不是'个人主义''宗族主义''地方主义''国家主义'，是社会的主义。代替的办法，是取一种破坏的方法——社会革命。""确是主张社会革命（的人），都可以出来提倡社会主义。所以提倡社会主义的人，是不能限定那一种类的。"

杨匏安、刘伯垂、林修梅、谭平山、彭湃这些青年生活环境和人生经历各自不同，但是不约而同地认为只有"社会主义"才能救中国，说明这一点已经是当时很多青年的心声。

五四运动前后，各种新思想、新文化思潮像大海的潮水冲到岸上一样（《广东中华新报》语"如潮之涌，如风之驰"）涌入广州。除了马克思主义之外，还有空想社会主义、基尔特社会主义、议会社会主义、工团主义、实用主义、新村主义和无政府主义等，称得上五花八门，让人眼花缭乱。当时各种打着社会主义旗号的派别中，以无政府主义在广州的影响力较大。一场又一场马克思主义者与无政府主义者的辩论，也让广州青年在探索如何用社会主义救中国的过程中开始认真辨别、慎重思考、再做抉择——只有马克思主义才能救中国。

1920年12月，陈独秀应广东省省长陈炯明的邀请，从上海经由香港，来到广州担任广东教育行政委员会委员长。因为他曾利用《新青年》《每周评论》等刊物宣传新文化运动，在广州青年群体中有较大影响。

陈独秀来到广州后，很努力地去说服无政府主义者放弃他们的信仰，争取他们到马克思主义的阵营里来。1921年初，陈独秀与无政府主义者区声白就无政府主义和马克思主义的优缺点进行反复的辩论。这些演讲稿、信件先后刊登在从上海转来广州出版发行的《新青年》以及《广东群报》《劳动与妇女》等刊物上。

链接

"无政府主义"的旧译是安那其主义（Anarchism）。"Anarchism"源于希腊语单词"αναρχία"，意思是没有统治者。一部分书斋里走出来的知识分子觉得既然政府这么坏，那我们就不要政府不就好了吗？他们从传统的集体主义和平均主义出发，被听起来很有诱惑力的空想社会主义和无政府主义的观念所影响。无政府主义因为具体观点不同，各种派别也很多，克鲁泡特金（俄语：Кропоткин，英语：Kropotkin）通常被他们视为无政府主义的重要理论家，他主张让人们自行"没收全社会的财富"来废止私人财产，并以一个由人们自愿组织、没有阶层分别的方式来协调经济运作。他还主张"房屋、田地、和工厂都不再是私人财产，而是归属于公社或国家的"。还要废止货币、工资和贸易。"收割或制造出的产品分配给所有人，让每个人自由的使用他们。"

1912年，香山人刘思复（又名刘师复）在广州创建中国第一个无政府主义团体"晦鸣学舍"，1913年，又创办了机关刊物《晦鸣录》（第三号起改名《民声》）。1914年他又在上海组织无政府主义同志社。他的追随者刘石心等在广州也成立了无政府共产主义同志社。佛山人广东高师教授区声白，是陈独秀的学生。1917年7月，他在不定期刊物《实社自由录》宣传无政府主义，1919年创办无政府主义杂志《工余》，五四运动期间参与组织"进化社"等无政府主义团体，在北京大学学生中宣传无政府主义。1920年毕业后他到岭南大学讲授中国文学史，利用《民声》《工余》等杂志宣传无政府主义。无政府主义者虽然鼓吹社会革命，但他们反对一切形式的政府，反对无产阶级专政，"致力于创造一个无牧师、无皇帝、无总统、无法官、无狱吏、无警察管辖和无寄生虫之社会"。

　　早在1920年9月，陈独秀就在《新青年》第八卷第一号发表《谈政治》一文，对无政府主义进行批评。1921年1月19日，他在广东公立法政学校作了《社会主义批评》的演讲，区声白在场听讲。这篇演讲后发表在《广东群报》和《新青年》（第九卷第三号）杂志上。他从"为什么要讲社会主义""为什么能讲社会主义""应讲何种社会主义"等三个方面论证了为什么中国必须选择"马格斯派的社会主义"（马格斯就是我们现在所说的马克思）。对此，无政府主义者区声白致书反驳陈独秀的观点。无政府主义者与马克思主义者进行了多轮辩论，论战焦点集中在如何看待无产阶级专政、如何开展社会革命以及个人主义倾向的"绝对自由"等方面。后来人们把这场辩论叫做"安马分流"，即安那其主义者（无政府主义者的旧译）与马克思主义者分流。为此，陈独秀主编的《新青年》第九卷第四号特别办了一期关于"无政府主义讨论"的专辑，发表了陈独秀同其讨论的六封长

陈独秀与无政府主义者的辩论发表在《新青年》第九卷第四号

信。由于前前后后的争论主要是思想上的交锋，他们的论述在现代人看来显得有些不太好懂，通俗来说他们的观点如下：

第一，马克思主义和无政府主义的相同点在于都主张社会改造。

五四运动后，青年们意识到辛亥革命后单纯地建立一个名义上的共和国，只是进行了政治的改革，但是并不能够真正救中国。巴黎和会中国外交的惨败就是一个最好的例子。那中国的希望在哪里？政治的基础是社会。如果说社会是地基，那么政治就是地基上的房子。社会的地基不稳，像一片沙滩，那么政治上再多的建设和改革都是沙滩上的高楼大厦，迟早房倒屋塌。因此，要想救中国，必须首先进行社会改造。马克思主义者和无政府主义者都同意进行社会改造。

第二，马克思主义和无政府主义的不同点在于马克思主义是一种科学的理论，能够有效地指导社会改造，而无政府主义却很大程度上脱离了现实的可能。

经济基础决定上层建筑。这是马克思主义的重要观点。早在1843年，马克思就在《黑格尔法哲学批判》中提出这样的观点："不是国家决定市民社会，而是市民社会决定国家。"这里的"市民社会"主要指的是经济生活。

陈独秀在批评无政府主义者时就说，既有的社会都有产生这种社会的经济基础。改造社会中，必须尊重这样的前提基础，而不能靠空想随便改造。我们当然不能得过且过，任由这种社会这样烂下去，但是也不能超脱这种现实，一下子把改造社会想得过于简单。

因此，他说："不能够妄想把社会当做米粉团子，由我们任

082

意改造。"也就是说，社会有自身的实际情况，只有在这个经济基础的实际情况下，尊重客观现实，才能改造客观现实。马克思主义将人类社会分为原始社会、奴隶社会、封建社会、资本主义社会、共产主义社会。一步一步都是依靠着生产力的发展和随之改变的生产关系作为基础。所以，陈独秀认为："马格斯以后的社会主义是科学的、是客观的、是建设在经济上面的，和马格斯以前建设在伦理上面的、空想的、主观的社会主义完全不同。"

无政府主义寄希望于人人都是好人，而且人人都能克服自己的弱点，并接受好的教育，都是"完美的人"。无政府主义社会想要靠这一群理想的"完美的人"来组成一个"完美的世界"，从而达到社会改造的目的。而这在现实世界很难真的实现。对此，陈独秀一针见血地指出："若论到政治经济方面，无政府主义便完全不适用了。无政府主义乃建立在先天的人性皆善和后天的教育普及上面，政治经济制度正因为人性不皆善、教育未普及而起，我们只应该渐渐改良政治经济制度，使人性渐趋于善，教育渐能普及。"

第三，无政府主义者主张用公众的意见代替法律。马克思主义者则加以反对，认为应该用长期理性讨论和多数人之决定形成法律，让社会能有一定的规范。

区声白天真地认为五四运动中赤手空拳的学生能够通过"联合"打赢拿着枪杆子的北京政府，就足以证明法律没啥用，军队也没啥用，"若果依照自由、自立、自主的原则向前进行，沿途都是康庄大道"。他在致陈独秀第一封信中说道："五四运动，一天之内……联合全国之学生、各地方之工商各界举行罢课、罢市、罢工以对抗北京政府，这都是自由联合的。……军队压人的北京政府，竟要屈服。于此更可证明法律之无用，军队之无能，而自由确可以联合，有联合就不能自由一言之不足信。"

陈独秀则认为群众心理往往是盲目的，有时候要这样，有时候又要那样。他反驳无政府主义："主张用这种盲目的群众心理所造成之随时变更的公意来代替法律，实在要造成一个可恐怖的社会。"在随意变化的公意决定一切的环境中，人人都会生活在不确定中，充满自危。

083

区声白回应道，无政府主义的进步，必然带着科学的进步，造成"科学昌明之群众心理"，因此即使不要法律也没事。

陈独秀针锋相对地指出"倘若一切都凭借公意"，那么"野心家烂仔都可随时以人民的名义修改于自己不便的法律，无政府党主张以公众的意见代替法律之大缺点正在此处"。陈独秀指出无政府主义的最大缺点就是要用所谓的公意代替长期理性讨论和多数人之决定形成的法律。

陈独秀通过这些公开的对话，以理服人，也就揭露了无政府主义理论缺陷的要害。对此，无政府主义者始终难以完美解答。其间，《广东群报》还发表了《共产主义与无政府主义及议会派之比较》《社会革命之商榷》《讨论社会主义并批判无政府党》等文章，均对无政府主义观点进行了反驳。

通过这场公开的论战，活跃在广州的青年们进一步了解无政府主义与科学社会主义的区别，知道了无政府主义有那么多难以克服的缺陷，认识到了只有马克思主义才是科学的，才是切实可行的，只有马克思主义才能救中国。

三、谭平山如何争取让团一大在广州召开？

　　团一大最终在广州召开离不开广东党团负责人谭平山的主动争取，可谓"一封信请来了团一大"。谭平山的努力分为两个部分：

　　一是在谭平山的努力下，广东团组织统一了思想信仰，人员壮大的广东团组织走在了全国各地青年团组织的前列。广东青年运动走在了全国的前列，为在广州召开团一大打下了坚实的基础。既然广东团组织的工作做得这么好，那么让全国的代表都来这里开会，顺带学习学习，"抄抄作业"就很有必要了。

一封信请来了团一大

早在1920年，俄共（布）党员米诺尔、别斯林等人就在粤籍北大学生、无政府主义者黄凌霜的帮助下试图在广州展开建党工作。米诺尔、别斯林与梁冰弦、区声白等无政府主义者接触后，在这一年的秋天成立"广东共产党"。但是这个以共产党为名义的组织，其实被无政府主义者包围着，因此，这个广东共产党"与其称作共产党，不如称作无政府主义的共产党"。8月间，谭平山等人在上海团组织的带动下，也开始着手组建广州社会主义青年团，其后阮啸仙等人加入其中。他们以《广东群报》为团结青年群众的机关，通过老乡、同学、同事关系，很快结识了一大批五四运动中倾向于社会主义的先进青年。他们一边研究理论，一边下手开始改造社会。

1920年12月，陈独秀来到广州，在广州活动了近10个月，在这期间他更加了解广东的革命形势、广东青年运动的状况。他对广东党、团组织建设的直接指导和参与，促进了马克思主义在广东的传播和广东青年运动的发展。

1921年春，陈独秀推荐谭平山任广东省教育行政委员会副委员长，并提供经费支持，筹办广东省立宣讲员养成所，传播革命思想，事实上也培养了不少共产党、青年团组织的重要干部。1921年3月，在陈独秀的努力下，经过多次酝酿，米诺尔、别斯林与谭平山、陈公博、谭植棠等组建了广州共产党早期组织，取名为"广州共产党"，陈独秀为书记，谭植棠负责宣传工作、陈公博负责组织工作。上海共产党早期组织成员沈玄庐、袁振英、李季和武汉共产党早期组织书记包惠僧因工作关系，也曾来到广州，成为广州共产党早期组织成员，或参加广州共产党早期组织的活动。

与此同时，广州社会主义青年团建立后，由于和无政府主义者组织的"互助团"合并后，内部冲突不断，既缺乏严密的组织，又没有明确的指导思想。因此，在1921年3至4月间，工作陷入停顿，5月后停止了活动。1921年7月，中共一大召开，做出了加强青年团工作的决定，并向各地发出了建团的通告和青年团临时章程。

1921年10月，团临时中央局委托谭平山和中共广东支部"再在粤组织分团"。在共产国际和中国共产党的指导下，1921年12月，谭平山等人重新组织了广东社会主义青年团，在指导思想上

陈独秀在高第街素波巷的这栋房子（位于现广州市第十中学校区内）里主持创办了广东省立宣讲员养成所，这是中共广东支部培养干部的教育机构，也是中国共产党广东第一个支部成立的所在地

"标明以马克思主义为中心思想",团员发展到500多人。广东党团工作较好的组织基础,为后来谭平山争取团一大在广州召开提供了重要支持。

谭平山等人在创建广东社会主义青年团的过程中,十分注重劳工运动。梁复然、王寒烬、郭植生等人建立的佛山土木建筑工会的1500多名会员和梁桂华领导的理发工会的600多名会员都被发展到青年团中,极大地壮大了团组织。当时的青年团中大部分都是青年学生。为了更好地向以青年无产阶级为基础的团组织过渡,团一大特别对广东佛山地区的青年团员做出了决议,年逾28岁者,不再适用团章第二条之规定,允许佛山分团依然能够拥有选举权和被选举权。1922年上半年,全国团员近5000人,其中广州、佛山的工人就占有2000多名,这与广东社会主义青年团在创建一开始就十分注重与劳工运动的结合密不可分。

在中共广东支部领导建团的过程中还特别指出要注重发展中等以上学生、下级军官、"国民党中之无产阶级"、机器补习之学生、"互助社"之主要分子。在青年团的章程中还特别设立劳工运动、学生运动、农民运动、妇女运动、军人运动、政治宣传、社会教育等7个委员会,王寒烬任劳工运动委员会委员长兼劳动组织部主任、陈公博任学生运动委员会委员长、谢英伯任妇女运动委员会委员长、陈俊生任社会教育委员会委员长兼总务部主任、何寿英任政治宣传委员会委员长。这些旨在与工农运动相结合的部门成为广东社会主义青年团的重要组织领导机构。

到1922年3月,广东社会主义青年团的工作已经卓有成效:召开宣传团组织的宗旨的万人大会,创办出版了团机关刊物《青年周刊》,召开了两次重组广东团组织的筹备会议,团员人数发展到800多人，并在佛山、肇庆组建了分团。到团一大召开前夕，全国成立的18处团组织中，广东占6处（含梧州），近1/3。广东团员积极奋战在发动工人、成立工会、举办工人夜校及开展各种争取工人权益运动的前沿。广东党团组织卓有成效的工作，不仅促使第一次全国劳动大会决定在广州召开，也为在广州召开团一大创造了条件。

谭平山（1886—1956），广东高明人，广州社会主义青年团首任书记

　　二是谭平山写了一封信，争取团一大在广州召开。1922年3月6日，中共广东地方组织、广东社会主义青年团负责人谭平山写给团临时中央局代理书记方国昌（施存统）的信中，详细阐述了早期广州社会主义青年团组织的概况和主要活动。这封信中还有一个重要内容，就是主动争取了团一大在广州的召开。谭平山在信中写道："大会地点，如能够改在广州更好，因为比较的自由。"召开团一大的决定，最早是团临时中央于1922年2月22日做出的，原定的地点是上海，开会日期是4月1日。3月6日，谭平山写信邮寄出去。约3月中旬，信件寄到上海。根据团史研究者赵朴的考证，3月20日前后，团临时中央已经发出了通知，将地点改在了广州。证据是3月27、28日，保定、唐山和天津等地的团组织已经得知在广州召开团一大的消息。谭平山的信对抉择会议地点起到了重要作用。

　　如此看来，团一大终由在上海召开变更为在广州召开，主要原因在于广州的社会政治环境较为宽松，"比较的自由"是关

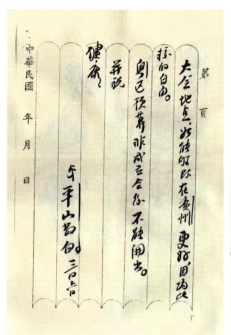

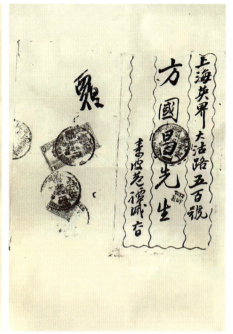

谭平山信中明确提出建议，并说明理由："大会地点，如能够改在广州更好，因为比较的自由。"

键。同时也是当时劳工运动、青年运动和民族统一战线发展的革命形势的需要。此外，第一次全国劳动大会的代表与团一大代表有许多交叉重叠的，为减少经费开支及路途耗时，共产国际和中共领导人都倾向在广州召开团一大。可以说，广东青年运动做得比较好和谭平山的努力共同促成了团一大在广州的召开。

第六章

团一大是如何召开的?

当时团一大的代表究竟是怎么来到广州的? 交通网络发达吗? 东园是哪里? 为什么在那里召开大会? 团一大的会议议程跟我们今天开会是一样的吗? 为什么开幕式上要三呼"社会革命万岁"? 来自全国各地的代表是讲各自的家乡话吗? 会不会有语言隔阂? 团一大的完整版会议记录是如何被发现的? 带着这些疑问让我们一起走进团一大。

一、团一大代表如何到达广州?

在各地恢复和建立社会主义青年团组织初见成效后,中共中央和团临时中央局确定1922年5月5日在广州召开团一大,来自团临时中央局以及15个地方团组织的25名青年代表纷纷从全国各地踏上了奔赴广州的旅程。

在20世纪20年代的中国,跨越大半个中国参会绝对是一项艰苦卓绝的旅程。广东省内的7名代表相对较近,其余的代表舟车劳顿之苦不难想象。天津社会主义青年团的代表李峙山(女)到达广州后就犯病住进了广州东山医院,直至会议结束都没能康复,因此她没有在团一大签到表、会议记录中留下任何印记。由于文字资料的匮乏,我们无法完整地还原每一位代表在赴会路程中经历的坎坷,但是,从现存的一些史料中还是能找到一点端倪。

根据中国共产党和青年共产国际的安排,达林作为青年共产国际代表参加在广州召开的团一大。达林在回忆录(《中国回忆录(1921—1927)》)中详细地记录了这段不平凡的旅程。1922年4月,他在上海与蔡和森、张太雷会合后,一起赴广州参加团一大。为了顺利到达,他们曾制订了详细的行程计划:先在上海乘坐轮船,经台湾海峡到达南方的港口城市汕头。然后换乘小船到达一个叫三梅村(音译)的地方,再步行四五天到达韶关的火车站,乘坐火车到达广州。之所以这样设计路线,是为了从陆地上绕过英国殖民管治的香港,这样更安全。

达林等三人顺利到达了汕头,但是因为去三梅村的小船一周后才起航，所以他们在汕头一家旅社住了下来。在这段时间里，他们以苏俄代表的身份拜访了当地国民党党部，并在群众大会上向工会、学生组织及其他社会组织代表们介绍苏俄的情况。当地青年人热心革命、关注社会主义，这给达林留下了深刻的印象。

这个时间段最重要的事情是他们起草了团一大的纲领、团章以及各决议案等重要文件的草案。当所有的文件完成之后，三人高兴地唱起了《国际歌》——用三种不同的语言：达林用俄文，张太雷用英文，另外一个人（达林的回忆录记载是瞿秋白，有误，应为蔡和森或者另一个人）用中文。事后，达林兴奋地写道："在这些文件中我们宣告了外国帝国主义在中国的死刑。"

但是，他们在汕头停留期间，孙中山和陈炯明之间已经存在摩擦，双方剑拔弩张，并于6月爆发了正式冲突。当时，陈炯明盘踞的惠州横亘其中，原定通过陆路去广州的计划已不可行。由于离会议召开时间已所剩无几，三人经商议，决定冒险经香港前往广州。鉴于达林外国人的身份易引起英国巡捕的怀疑，为避免被敌人"一网打尽"，三人约定好在广州的会面地点后，就分开行动了。达林从汕头坐船到香港花了一天时间，然后从香港九龙乘坐广九线列车到达广州，只用了四个小时——这在当时可谓是"飞速"。所幸一路平安，三个人先后都平安到达了广州。

二、他们为什么能当上团一大代表？

在团一大25名代表中，除了中共中央局代表蔡和森及团临

时中央局代表张太雷、方国昌(施存统)、张继武,还有21名地方团组织代表:北京的邓中夏、金家凤,杭州的俞秀松,广州的谭平山、谭植棠、陈公博、谢英伯,佛山的梁复然、梁桂华,上海的许白昊,天津的李峙山、吕一鸣,长沙的易礼容、陈子博,保定的王仲强、张仲毅,太原的王振翼,唐山的李树彝,武昌的张绍康,南京的莫耀明,汕头的叶纫芳,他们又是怎么被历史选中,成为团一大的代表呢?

首先，是因为他们的身份得到了组织的承认。团一大结束后，团中央曾写信给李汉俊、陈潭秋，责问为什么让非"本科生"的张绍康出席大会。对此，刘昌群曾于5月29日复信给施存统，说明因大会改在广州召开，武汉地方的"'本科'学生都不能去，张君临时自告奋勇要去……头一天决定他去，他第二天就走，本定介绍他加入'本科'，因时间仓促没有介绍他加入。……昨日'本科'开会，已正式通过。候一、两天内张君返鄂后，即请他加入"。有理由相信当时武汉派出的代表是共产党员，而且需要得到团临时中央局的认可。

其次，是因为他们比较了解当时的团务工作。唐山代表李树彝是唐山社会主义青年团的代理书记；长沙代表易礼容是长沙社会主义青年团的代理书记，在大会5月10日下午7点30分报告了长沙S.Y.情形；在团一大会议记录中还能看到，邓中夏、谭平山分别报告了北京S.Y.和广州S.Y.的情形。武汉社会主义青年团曾在1922年3月20日写信给施存统，曾拟派在上海的魏以新、孙瑞祯、董锄平三人代表参会，但是遭到部分同志的反对，认为他们三人对武汉社会主义青年团的情形不熟悉，最终"议决广州大会派本团团员张绍康君出席"。由此看来，代表人选并不是随意指派的，都是集体经过深思熟虑，甚至通过开会议决的。

最后，是因为他们的路费问题得到了解决。各地青年团收到会议通知后，确实存在路费紧缺的问题，如1922年3月27日，唐山社会主义青年团写给团临时中央局的信中，直言"旅费无着"；3月28日，天津社会主义青年团也致信团临时中央局，"代表人选尚不困难……经费实在困难……预计需费在80元以上，而此间只筹得40元，所余之数实无着落，不知中央能不能代筹40余元……"4月，南京社会主义青年团写给"玉英同志"（即施存统）的信中问道："补助本团代表的旅费有着落没有？"

当25名全国各地代表排除万难齐聚广州的时候，他们可能未曾料到，载入共青团史册的一幕即将拉开。

三、团一大召开为什么选定东园作为会场？

百年前在广州城东珠江边有一私家园林名曰"东园"，在风起云涌的辛亥革命浪潮中，东园以其优越的地理位置与独特的空间特征逐步从私家园林演变为广州城区的市民活动中心，也成为群众举行集会与进步活动的主要场所。

东园的闪光始于中国民主革命先驱孙中山先生，他在此发表了多场演讲。五四运动时，广州青年学生和广州市民在此举办了多场爱国运动。在中国社会主义青年团第一次全国代表大会召开之前，东园已经是一个声名远扬的爱国集会基地，广东工、青、妇革命运动都曾在此集会活动，拥有深厚的群众活动基础与知名度。

东园的空间特征、地理位置和活动基础等三方面因素令团一大会议被选定在东园召开。

最早关于东园的文献记载是南宋王象之的《舆地纪胜》，文曰："陆鸿渐，佐南海陇西公幕府，自号东园先生。东园即广州东郊园也。"陆鸿渐就是大家熟知的陆羽，此后很长时间里广州城东再无东园的记载。一直到清末，当时广东水师提督兼巡防营统领李准将珠江边一片浅滩地围起，建造花园别墅，因在东濠涌口，园内又有东关水汛等地名，故取名东园。东园濒临珠江，得江月之美，亭台楼阁、树木花果具备，成为城中名园。

据史料记载，东园占地2.5万多平方米，大致西界为今东园路，北界为今东园横路以北约100米，东界为今挹翠路，南界约至今东园新街东延线之北侧，是广州城东一个宽敞开阔的地方，与内城的狭窄与拥堵形成了鲜明对比。

东园内建有装饰华丽的亭台楼阁，回廊曲折，不仅得临江借景，园内又有小溪池塘，绿树成荫。整体风格体现了岭南造园的特点，善于吸收外来园林风格，多元兼容，既有江南园林的叠山理水、花木众多，同时也带有西方园林轴线布局的影子。正南前半部分为东园大门，门楼也为中西合璧风格，整体由青砖砌筑，六柱五间，总面阔18.9米；正间高8米，设拱券门，上方嵌有行楷阴刻"东园"二字的石额，上款写"宣统庚戌（即1910年）冬月"，下款写"邻水李准书"及印章。两次间、梢间在石额的位置装饰有岭南传统的灰塑图案，包括貔貅、鳌、卷草纹、连珠纹等图案。

东园历史照片

　　门楼中间为宽6.7米、高6.8米的大厅，左右两侧各有一圆拱门通往门楼两侧。进园50米有一个六瓣形荷花池，池东、西各有一座八角亭，呈对称布局，正面有砖木结构的西式券廊式二层洋房"红楼"（1926年11月6日遭大火烧毁，1984年重建，现为广东省文物保护单位省港罢工委员会旧址），与门楼、荷花池形成轴线关系，体现了西方的造园手法。东园的后半部分，现东园横路以北有一个约1000平方米的池塘，一条小溪从西流入（后被填埋），溪上建有一大一小两座双层木阁楼，形式自由灵动。根据

现今修复后的东园门楼

历史地图可以清晰看见东园门楼南面还有一个面积与东园相当的广场空地，面积相当宽广，据记载是李准训练海军的操场。

清朝覆亡前，曾在东园举办过三次全省运动会，1907年的尚武运动会（第二届省运动会）、1908年的第三届省运动会和1910年的庚戌运动会（第四届省运动会）。辛亥革命后，东园被没收充公，逐步成为民国初年广州民众集会和娱乐活动的重要场所。民国初期，与外国洋商合办了广州第一个游乐场所；1912年，东园游乐场更名为"新世界"（1921年结业）；1913年，世界语学会在东园举行成立大会，国民政府将东园开辟为国际世界语协会广州分会所在地。

清末，由于四乡货船、粤剧红船多在东濠口集散，东堤、东沙角一带十分繁华，东濠口和西濠口成为广州的水运要地。

1889年，以天字码头为中点的长堤大马路修成；1907年，连接长堤大马路的东堤大马路建成；1914年，由广九车站至西濠涌的堤岸马路与沙面租界东桥一带连接起来。这是一条从沙面直达广九铁路大沙头终点站的堤岸马路，为当时广州最长最宽的马路；长堤地区也成为广州最繁华的地区，见证古代广州走向近代城市的转型。长堤作为近代广州市政建设的一个里程碑，大力带动了陆上交通发展，长堤竣工后还刺激了新式码头的兴筑。据《粤海关十年报告》记载，"1912—1921年间，长堤范围内新建和重建了9座大型码头（以后有增加）。长堤成为广州新的东西主干道，水陆交通便利，人力车穿梭往来，豪华游轮直通新加坡等国家和香港、澳门、南洋槟城等地区。美名为'水上王宫'的花尾渡穿梭往返顺德、江门、三埠（台山、开平、恩平）、容奇、梧州等沿江名镇，甚至抵达西江上游的柳州和南宁"。当年广州地区的三大火车站都依托长堤建立便捷的交通联系，粤汉铁路（黄沙站）与广九铁路（大沙头站）分别位于西堤与东堤，此外还可通过长堤沿线码头便捷联系石围塘车站，接驳广三铁路连接三水，加强了广州与西江和北江的腹地联系。民国初期，随着广九车站逐步成为广州重要铁路站点，政府将沿江河沙淤积地规划建为白云路等马路，白云路在中华人民共和国成立之前，一直是广州最宽的马路，且首次试验性建成中间有绿化带的复式马路，有"模范马路"之称；越秀南路也是国民政府在广州第一期新辟的马路。东园周边交通路网非常完善，东沙角一带更成为现代广州的水陆交通枢纽，内外交通联络便捷。由此可见，东园所处的地理位置十分优越，易聚易散，是一个通达性极强的集会地点，香港、三水等南方枢纽城市以及韶关、长沙、武昌等青年活动活跃的内陆城市能直达此处。

辛亥革命以后，东园凭借其优越的地理条件与环境成为集会热门地，全国、省、市一些重要集会和进步活动都曾在东园举行，东园广场经常旗帜飘扬，群情振奋，口号震天。孙中山辞临时大总统职回到广州后一些重大的欢迎仪式和会议、演讲也是在东园举办。1912年4月，孙中山辞任临时大总统回到广州，同盟会广东支部代表在东园举行欢迎会；同年5月4日，孙中山应邀出席广州报馆同人联合欢迎会，并发表《民生主义之实施》演说；1917年7月27日，孙中山到东园出席广东海陆军警欢迎会，作"恢复民气"演说；同年8月6日，孙中山在东园参加欢迎程璧光等海军将士南下护法大会，广东各界群众数万人参加了欢迎会；1921年2月25日，军警同袍社在东园举行春宴，孙中山应邀赴宴，并发表演说，明确指出军人的天职是护法；同年4月23

日，孙中山应邀出席粤军第一、二师排以上军官在东园举行的恳亲会；讨伐军阀的出征军人慰劳会也多次在东园召开。

东园也举办了很多群众集会，在青年运动和民众革命运动中有一定的知名度。1919年5月11日，五四运动在北京爆发后一周，广州国民外交后援会联合广东各界团体，在东园开国民大会，参加者将近十万人，广州中高等学校的学生几乎全体参加，这是现代史上广州的第一次反帝游行。同年6月23日，广东各界代表在东园集会，一致要求伍廷芳任广东省省长。国民大会以后，在东园等地方又举行数十次集会，并发起抵制日货行动，这些地方成为五四运动的南方主阵营。1920年5月1日，广州的第一次纪念五一劳动节活动在东园举行；5月4日，广东学生联合会等学生团体在此纪念五四运动一周年；5月9日，6000多名青年在此召开国耻纪念日大会，会后分13队游行声讨"二十一条"及南北军阀。1921年3月6日，广东各界万余人在此集会，进行要求收回"关余"、呈请军政府和国会选举总统等请愿活动。

1922年3月14日，有3000多人参加的"广东社会主义青年团成立暨马克思诞辰纪念大会"在东园召开，宣告广东社会主义青年团成立。同年4月5日，广州工人互助总社、各工团女界联合会5万余人在东园集合，并到总统府请愿，要求女子及劳工均有选举权和被选举权；5月1日，广州工人在市立第一公园及东园两处召开大会，庆祝五一劳动节，广东总工会、中华工会、工人互助社、华侨工业联合会、机械总会等200余个团体派代表参加，中国劳动组合书记部代表张国焘在会上讲"无产阶级革命之必要"，陈独秀讲"劳动节的由来及意义"，张太雷亦以中国社会主义青年团代表身份发表演说，会后举行10万人大游行。谭平山

102

举着大旗走在游行队伍的前列。由此可见，在1922年5月5日召开团一大前，在东园已经开展许多进步活动，在广东社会主义青年团与全国进步青年中早已有所耳闻，东园被选作团一大的召开场地并非偶然。

 四、团一大的议程是怎样的？

团一大召开前即1922年4月底，中共中央在广州召开了党、团领导干部会议，确定了第一次全国劳动大会、中国社会主义青年团第一次全国代表大会的指导方针，使大会有明确的指导思想。

在团一大召开前，为确保会议的顺利召开，会议组织者事先召开了三次预备会议。在5月3日下午召开第三次预备会议（即总

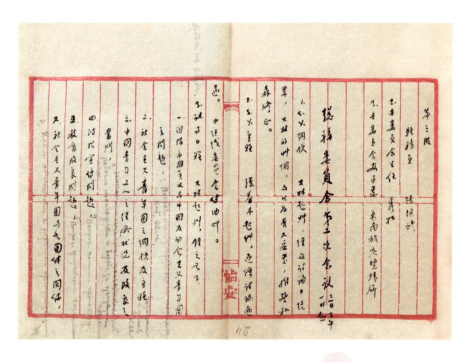

第二次预备会议记录

务委员会第二次会议），出席当天预备会议的人员包括张太雷、张继武、施存统、蔡和森、陈公博、俞秀松、陈独秀、达林，会议的第三项大的议题就是讨论由达林起草的大会九项议程。

一、国际帝国主义与中国及社会主义青年团之问题

二、社会主义青年团之纲领及章程

三、中国青年工人之经济生活状况及改良之奋斗

四、政治宣传问题

五、教育改良问题

六、社会主义青年团与各团体之关系

七、临时中央执行委员会报告

八、各地代表报告

九、选举中央执行委员会

这次预备会议除了提出团一大会议的议程，还对各项议程的落实进行了分工。比如，第一项由达林第一天演说，第三项由陈独秀起草，第五项由陈公博起草，第六项由张太雷起草，第七项由施存统报告，第八项通知各代表预备。

我们可以看到早在100年前，中共领导下的青年团组织在召开会议之前就进行了周密的筹划和准备。在思想上，经过团组织的整顿和重组，已经旗帜鲜明地确立马克思主义理论为指导思想。以宽广的国际视野，凝聚当时的进步青年对中国政治、经济、社会、教育等热点问题进行探讨。同时，各地代表也被安排在会上发言，以报告形式呈现本土化的青年运动内容。在组织上，此次会议的重要目标之一就是要通过选举产生团的中央执行

104

委员会。

5月5日下午1时，团一大在东园一隅凉亭旁的露天广场开幕。在开幕式上，中共中央局领导人陈独秀发表了著名的《马克思的两大精神》演说，直指"社会主义青年团就是根据马克思的学说而成立"，希望青年们尤其是社会主义青年团员"把马克思学说当做社会革命的原动力，不要把马克思学说当做老先生大少爷太太小姐的消遣品"。

我们在预备会议议程中看到少共国际代表达林演说。在团一大开幕式当天，演讲的还有代表中国劳动组合书记部的中共中央局成员张国焘，代表北方劳动组合书记部的工人代表邓中夏，团一大代表叶刅芳、易礼容，全国劳动大会代表以及广东社会主义青年团团员、广州车衣女工工会会长黄璧魂和李国英、何寿英等，一共16人。

这些演讲，不仅吸引了这些风华正茂的青年站在"马克思主义的旗帜下"，更是开创了"中国无产阶级青年运动之根据"。自此，中国社会主义青年团宛若一股激流，汇入国际共产主义运动的长河，激起耀眼的浪花。

开幕式结束后，从5月6日到10日共开了5天，一共举行了8次团一大全体会议。通过对会议议程简表的梳理，我们看到在团一大的正式会议过程中基本完成第三次预备会议设定的议程目标，充溢着代表们报告各地团组织情况的激情。其中，施存统报告临时中央局和上海团组织情况，谭平山、邓中夏、易礼容、莫耀明等人分别报告广东、北京、长沙、南京等地团组织情况。

10日晚，会议通过了《中国社会主义青年团纲领》和《中国社会主义青年团章程》。青年团接受了中国共产党的政治主

团一大会议议程简表

（正式会议会期6天，共举行8次会议）

日期	会议内容
5月5日下午	开幕式
5月6日至5月10日上午	1. 施存统作团临时中央局和上海团组织的情况报告 2. 各地代表作关于本地团组织的情况报告 3. 讨论议案
5月10日下午	1. 邓中夏报告北京 S.Y. 情形 2. 谭平山报告广东 S.Y. 情形 3. 讨论选举团中央执行委员办法。邓中夏提出先提"候补人"，施存统提议选举团中央执行委员时，凡是 S.Y. 团员都可以推举，先推"候补员（人）"，到会每人只能提 1 人，过半数通行，无记名投票
5月10日晚上	1. 易礼容报告长沙 S.Y. 情形 2. 莫耀明报告南京 S.Y. 情形 3. 会议讨论通过以下议决案： ①《中国社会主义青年团纲领》 ②《中国社会主义青年团章程》 ③《青年工人农人生活状况改良的议决案》 ④《关于政治宣传运动的议决案》 ⑤《关于教育运动的议决案》 ⑥《中国社会主义青年团与中国各团体的关系之议决案》 4. 议决加入共产国际领导的无产阶级青年国际组织——青年共产国际 5. 与会代表投票选举团中央执行委员会 6. 会议代表三呼"中国社会主义青年团万岁"后散会

张，在团章中明确提出"铲除武人政治和国际资本帝国主义的压迫"的目标，当晚，大会还讨论通过了《青年工人农人生活状况改良的议决案》《关于政治宣传运动的议决案》《关于教育运动的议决案》《中国社会主义青年团与中国各团体的关系之议决

案》等文件，并一致同意加入共产国际领导的无产阶级青年国际组织——青年共产国际。

原本按照青年共产国际二大出台的章程，属于共产国际的组织，一律要以共产主义命名。但是考虑到当时的中国时局复杂，为避免反动势力的迫害，公开提出共产主义的名号时机还未到来，加上为了更广泛地吸引凝聚青年，最终确定使用"中国社会主义青年团"这一名称。

10日晚上最后一项议程是"选举团中央执行委员会"。通过投票选举，高君宇、施存统、张太雷、蔡和森、俞秀松当选为团中央执行委员会委员，冯菊坡、林育南、张秋人为团中央执行委员会候补委员。

投票选举团中央执行委员会

邓中夏、施存统曾在会议中提出各自的选举意见，施存统提出的"凡S.Y.团员都可推举，先推为'候补员'"已具有相当程度的选举制度思考和政治制度规范性。会中，高君宇缺席却当选为团中央执委会委员也并非没有先例。青年团在中国共产党的领导下，走上了制度化、规范化的组织发展道路。

107

五、开幕式为什么三呼"社会革命万岁"？

1922年5月5日下午1时，中国社会主义青年团第一次全国代表大会在东园正式开幕。在简单的奏乐仪式之后，主持开幕式的张太雷宣布，由于"我们中国现在还没有社会革命的歌，所以请诸君三呼'社会革命万岁'罢"。于是，众皆起立三呼"社会革命万岁"。

孙中山领导的广州政府治理下的广州拥有相对自由、安全的政治环境，团一大举行得十分热闹而隆重，在大会的仪式和程序上更具有典范的意义。其实，早期共产党人和青年团员对于如何建党、建团并没有清楚的蓝图，最初都是在共产国际指导下摸索前行的，就如召开全国代表大会一事，也是借鉴苏俄共产党的经验而来。

1921年5月，孙中山就任"非常大总统"

108

在中国的封建时代，结党营私被统治者视为大忌，有所谓"君子不党"。现代意义上的政党政治其实是西方的舶来品，随着清王朝的覆灭而出现。在民国初年，国内成立的各种政治团体有两三百个之多，以"党"命名的也有不少，著名的有孙中山领导的国民党、梁启超领导的进步党等。但这些政党成立的手续十分简单，并没有哪个政党曾召开过全国代表大会。

由俄国社会民主工党发展而来的俄国共产党，自1898年成立以后截至1920年，已举行了9次全国代表大会。正是循此传统，1921年来华的共产国际代表马林和共产国际远东书记处代表尼克尔斯基到达上海以后，便建议上海的共产党早期组织的发起

民国初年国会会场

组召集全国代表大会。团一大的召开，也是由青年共产国际所促成。由于没有本土经验，像如何组织会议、会议有哪些流程等，也多是参照俄国共产党和共产国际的会议程序而来。

主持团一大开幕式的张太雷曾作为中国共产党驻共产国际和青年共产国际的代表，对苏俄这种大会的基本流程有些见闻。因此在开幕式上，蔡和森便要求张太雷将"俄国共产党会议组织的情形报告大众，以便采择"。当时的与会者也不知道如何制定团的纲领，便决定由青年共产国际代表达林根据俄国青年团的纲领来起草，再经蔡和森修改而成。团一大的议程也是由青年共产国际代表达林根据俄国经验所拟定，第一项便是由达林演说"国际帝国主义与中国及社会主义青年团之问题"。

由于团一大是青年共产国际参与推动召开的，中国社会主义青年团是青年共产国际的支部，虽然没有最直接的证据，但可大概推测团一大的会议经费以及各代表的差旅、住宿等费用也是得到了青年共产国际的支持。所以作为青年共产国际代表的达林，在会议前后均有很高的政治地位。在团一大召开前，根据达林的提议，中共中央局曾在中共广东支部的诞生地——广东省立宣讲员养成所召开一次党、团领导干部会议，为团一大和同期召开的第一届全国劳动代表大会制定党应遵循的政治路线。

在会前奏唱《国际歌》是苏俄一些重要会议的必经程序，因此这一仪式也被张太雷所参照。但遗憾的是，当时青年团还没有反映社会革命的歌曲，《国际歌》中文版本的唱法还没有确定，因此只好以三呼口号的形式代替。

1887年，法国的革命家、工人诗人，巴黎公社主要领导人之一的欧仁·鲍狄埃，在个人作品集中发表了《国际歌》的法文诗稿。1902年，俄国革命者将《国际歌》译为俄文，列宁称赞其为"全世界无产阶级的歌"，因此在十月革命胜利以后便从中选了三段，作为新生俄罗斯苏维埃联邦社会主义共和国国歌的歌词。

1920年10月，有署名"列悲"的人，第一次将法文版的《国际歌》完整地译成中文，并连载于《劳动者》周刊上，当时他取名为《劳动歌》，这是《国际歌》第一次出现在国人面前。稍后，张逃狱、耿济之和郑振铎等人有不同版本的译词发表。不过这时的《国际歌》只是以诗词的形式被引介，并没有曲谱，大家并不知如何演唱，在团一大开幕式上只好带领众人三呼口号来代替。

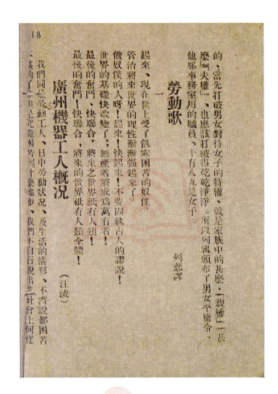

《劳动者》上发表的列悲所译的《劳动歌》第一段

没有革命歌曲这一问题直到1923年在广州举行的中共三大时才得到解决。当时出席中共三大的代表——从俄国回来不久的瞿秋白，根据俄文《国际歌》的歌词按曲调译成了适合中文演唱的歌词，并在三大结束以后亲自教各代表演唱。配上曲谱的歌词后来发表在了《新青年》上，并正式命名为《国际歌》，

自此中文版的《国际歌》才逐渐在党内传唱开来。1923年8月21
日下午1时，中国社会主义青年团第二次全国代表大会在南京召
开，其中开幕式的第一项议程便是与会代表全体起立合唱《国
际歌》。

111

　　团一大的开幕式上虽然只是三呼"社会革命万岁"，却在会
议程序上为合唱革命歌曲这一环节预留了位置。在风起云涌的大
革命中，《国际歌》的历史回响经久不息。从1923年中共三大开
始，在中国共产党的全国代表大会闭幕式上奏唱《国际歌》成为
延续至今的传统。

*1923年6月出版的《新青年》上发表
的瞿秋白翻译并配曲谱的《国际歌》*

六、团一大与会代表有方言隔阂吗？

自古以来，因为我国幅员辽阔，各地语言的发展可谓是百花齐放、百家争鸣。各地方之语言谓之方言，经查，在古代文献资料中就有记载"五方之民，言语不通"（《礼记·王制》）。

1903年，当时清政府的《学堂章程》开始规定："各国语言，全国皆归一致……中国民间各操土音，致一省之内彼此不能通语，办事多格。兹以官音统一天下之语言，故自师范以及高等小学堂，均于国文一科内，附入官话一门。"因为"此种官音，即数百年来全国共同遵用之读书正音，亦即官话所用之音"。到了1911年清王朝的最高教育机构———学部在清政府即将崩溃的前夕，召开了中央教育会议，通过了"统一国语办法案"，并建议成立"国语调查总会"，审音标准以京音为主。

到了民国初年，就有老国音和京音之争。老国音就是1913年民国教育部审定的标准音，1913年教育部召开读音统一会，确定国语标准音：以京音为主而兼顾南北，吸收了江浙话的浊声母、尖团音、入声等。这种国音后来被人称为"人造国音"，实际上是没有人说的，因为它不存在于任何一种自然语言中。而京音则基于天然形成的北京话，更加简单。两派曾争得不可开交，但在五四运动的影响下，京音占了上风。1920年，国语统一筹备会部分南方会员也提出以"至少受过中等教育的北京本地人的话为国语的标准"和"定北京音为国音标准"等主张，并同国语统一筹备会的常委会讨论。历时五年之久，最后终于取得大多数人的共识，并在1926年召开的"全国国语运动大会"的《宣言》中得到确认:"(国语)这种公共的语言并不是人造的,乃是自然语言中的一种……还得采用一种方言,就是北京的方言……北京的方言就是用以统一全国的标准国语。"自此之后,国语注音全部改用北京音,叫新国音,以别于1913年由各省代表投票表决的老国音。注音字母也随之作了相应的修改。

113

那么,在1922年5月召开的团一大上,来自不同地区的代表们又是如何交流的呢?

就其社会成分而言,团一大的25名代表均属知识分子和年轻学生,是中国青年界的代表和楷模,其中大学学历就有15人,也大都有在北京求学经历。如团临时中央局代表张太雷于1915年秋考入北京大学,同年冬转入天津北洋大学,先后在特别班、法科法律学门学习,并于1921年1月奉共产党早期组织委派赴俄国伊尔库茨克,任共产国际远东书记处中国科书记,是第一个在共产国际参加工作的中国共产主义者。张太雷在当时可谓是进步青年中的"顶流",梳理他的学霸经历我们可以看到出生于苏锡常区域的张太雷不仅熟稔苏侬软语、北京官话,更擅长英文,娴熟的外语优势让张太雷成为一名杰出的红色外交使者。

又如广东青年团组织代表谭平山,他是北京大学广东籍学生,在五四运动时期就曾主编《新潮》杂志,创办《广东群报》等。北大毕业后,回到广东高等师范学校任教,在广东发起建立了党的组织。阅历甚广的谭平山组织动员力极强,通过整顿和恢复广东青年团组织,凝聚了一批批广东先进青年投身青年团事业。

我们看到叶纫芳在汕头给谭平山回信中提到自己是"一个外江人,不懂潮州话",在汕头组织社会主义青年团"颇觉有点困

114 难"。所以向谭平山汇报了自己的打算："想联合本地学生共同发起"，请谭平山"在省城遥遥互助"。

叶**劭**芳明确提出自己不懂潮州话，希望谭平山遥遥互助

在俄罗斯国家社会政治历史档案馆里，保存着团一大会议原始记录，其中最完整的一份中文档案，就是有关中国社会主义青年团第一次全国代表大会以及第一届中央执行委员会的会议记录。由此可见，当时各地代表在正式沟通交流中应该是以北京话为基础交流，代表们虽来自全国各地，但基本没有方言隔阂问题。

七、团一大会议记录是如何发现的？

因为团一大是在广州公开举行，当时的报纸《广东群报》《先驱》等还进行了公开报道，所以时至今日，我们还能看到比较完整的团一大会议概况。但是，完整的团一大会议记录是近些年才被发现的。它是如何保存下来的呢？这中间有一个曲折的过程。

1922年5月5—10日，中国社会主义青年团第一次全国代表大会在广州东园胜利召开，参会的25名代表，代表了全国5000多名团员。大会接受了中国共产党的政治主张，第一次明确地提出"铲除武人政治和国际资本帝国主义的压迫"。这次大会使中国社会主义青年团实现了思想上、组织上的统一，成为纲领明确的、全国性的先进青年组织。

团一大会议结束后，因为中国社会主义青年团一成立即加入青年共产国际并作为它的一个支部，按照工作要求，需要向其汇报工作并提供相关会议材料。严谨负责的青年共产国际工作人员，将原始的会议材料完整地保留了下来，并最终保存在俄罗斯国家社会政治历史档案馆。

目前还不能确定这些文件是由谁带到莫斯科的，但可以肯定地排除青年共产国际代表达林。因为同时发现的还有一份关于团一大历次中央执委会议的文件，记录的时间已经到了1923年，而达林在1922年8月就已离开中国。

2011年，为纪念建党90周年，《法制晚报》、北京交通广播、腾讯网联合发起"海外寻档"行动，在欧亚7国寻找到了大

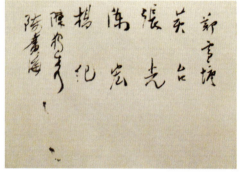

1922年中国社会主义青年团第一次全国代表大会签到簿（部分）

量珍贵的史料。其间，按照历史学家杨奎松提供的线索，寻档报道组在俄罗斯国家社会政治历史档案馆发现被完好保存的团一大会议的原始记录。2013年下半年，团广州市委、广州青运史研究委员会牵头组织专家远赴俄罗斯莫斯科、圣彼得堡等地"寻档"，取得了一批20世纪20年代珍贵的早期党团组织活动档案资料，其中就包括了关于团一大的珍贵史料，受到社会各界的热切关注。

团一大相关史料是中文，或是用钢笔撰写，或是用毛笔撰写，有个人履历表，还有团一大的筹备会议、开幕式、正式会议以及执行委员会的会议记录，其中有关中国社会主义青年团第一次全国代表大会以及第一届中央执行委员会的会议记录保存完整，包括了陈独秀、张太雷、施存统、俞秀松等人的签名，开幕式上各位代表的演讲记录以及41次执行委员会会议记录。长长短短的信笺纸上，写满了隽秀的毛笔字，从右至左竖排书写，偶有删改的痕迹，记录得详细且认真，会议各项议程严谨且细致。

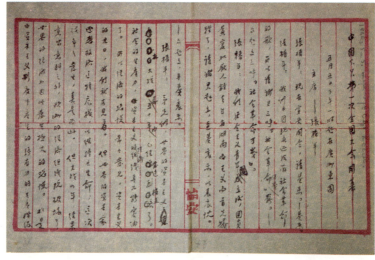

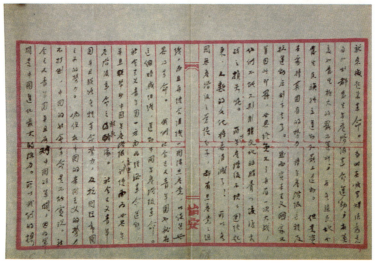

中国社会主义青年团第一次全国代表大会开幕式会议记录（部分）

118

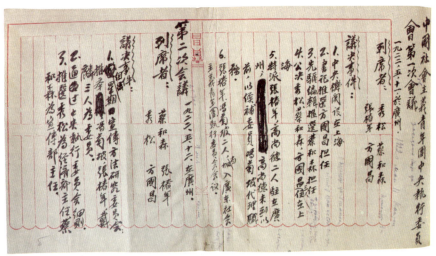

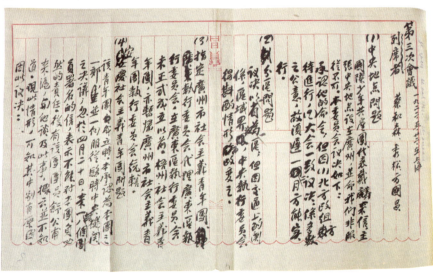

中国社会主义青年团第一届中央执行委员会会议记录（部分）

第七章

团一大解决了什么问题?

在团一大上,青年团选择了高举马克思主义的旗帜,通过了团纲、团章等6个议决案,并选举产生了第一届团中央执行委员会。从此,青年团成为中国共产党领导下的具有统一思想的先进青年组织和中国青年运动的先锋队。

一、团一大怎样高举马克思主义的旗帜?

1922年5月5日至10日,中国社会主义青年团第一次全国代表大会在广州举行。团一大的召开,宣告了中国社会主义青年团的正式成立。

5月5日下午,团一大的开幕式在广州东园的一个广场上举行,"开幕式的主席台,设在一个茅竹搭起来的棚子里。主席台正中挂着一幅马克思画像,画像下面是一个讲台",张太雷主持会议。张太雷在致开幕词时说:"社会主义青年团一方面为经济革命运动,同时联络各种革命势力,反抗国际帝国主义的势力。今天又是马克思的诞生纪念日,我们纪念他,非因他是大学问家,而是因为他是革命的实行家,而且与其他社会改革家不同,他指出革命的方法——经过无产阶级专政,达到共产主义的社会。"就像张太雷说的那样,1922年5月5日这一天正是马克思诞辰104周年纪念日,这样,马克思的生日也就成了团的生日。无论是高挂的马克思画像还是选择在马克思生日这一天开会,都明确表明社会主义青年团的指导思想是马克思主义。

中共中央局领导人陈独秀出席青年团一大开幕式,作了原文题为《马克思的两大精神》的讲演,他指出"今天有两个大会,一个是马克思纪念大会,一个是中国社会主义青年团成立大会","社会主义青年团就是根据马克思的学说而成立"的。马克思主义的精神博大精深,但是由于时间有限,陈独秀只重点讲了马克思主义的重要两大精神。关于马克思的历史和具体的学说理论等内容,在开会时发放给代表的由中国劳动组合书记部出版的《马克思纪念册》里有详细论述。陈独秀演讲中说到"马克思的学说和行为有两大精神，刚好这两大精神都是中国人所最缺乏的"，一是"实际研究的精神"，二是"实际活动的精神"。号召青年团员还须将马克思主义的学说放到实际活动中去"干社会的革命"。

什么叫实际研究的精神呢？陈独秀演讲原文提到"马克思搜集了许多社会上的事实，一一证明其原理和学说。所以现代的人都称马克思的学说为科学的社会学，因为他应用自然科学归纳法研究社会科学。马克思所说的经济学或社会学，都是以这种科学归纳法作根据，所以都可相信的，都有根据的。现代人说马克思为科学的社会主义，和空想的社会主义不同，便是在此。这便是马克思实际研究的精神"。所以他很希望青年们都以马克思的实际研究精神来研究学问，不要单单以马克思的学说作为一种理论来研究而已。他说："如其单单研究其学说，那么马克思实际研究的精神完全失却，不过一个马克思主义的学者了。我很希望青年诸君能以马克思实际研究的精神研究社会上各种情形，最重要的是现社会的政治及经济状况，不要单单研究马克思的学理，这是马克思的精神，这就是马克思第一种实际研究的精神。"

"哲学家们只是用不同的方式解释世界，而问题在于改变世界。"这句话是马克思的《关于费尔巴哈的提纲》的第十一条，也是马克思的墓志铭，它淋漓尽致地表达了马克思主义与以往的哲学家显著不同的实际活动精神。这种精神如一道闪电，击中了以往理论制造者们的那种喜欢光说不练的假把式。陈独秀抓住了马克思主义的精髓，尤为强调"马克思实际活动的精神"。他说："马克思所以与别个社会主义者不同，因为他是个革命的社会主义者。凡能实际活动者才可革命，不是在屋中饮茶吸烟，研究其学理，便可了事，这是研究孔子、康德的学问一样罢了。我们研究他的学说，不能仅仅研究其学说，还须将其学说实际去活动，干社会的革命。我望青年同志们，宁可以少研究点马克思的学说，不可不多干马克思革命的运动！青年们尤其是社会主义青年团诸君，须发挥马克思实际活动的精神，把马克思学说当做社会革命的原动力，不要把马克思学说当做老先生、大少爷、太太、小姐的消遣品。"

陈独秀向青年代表阐释
马克思主义的两大精神

简单来说，陈独秀要告诉大家，研究马克思的学问，可不能光说不练，知道得再多也不过是个学者，具体的干才能改造社会，才能救中国。陈独秀认为，甚至宁可少点去说、去研究，也要扎实地按马克思指出的方向去干、去行动，所以他"今天特讲马克斯这两大精神，请诸君注意"。

123

会议讨论通过的团章、团纲也高扬着马克思主义的旗帜，其中明确地说："社会主义青年团为信奉马克思主义的团体。"这表明青年团已经认识到以前那种不标明主义的方式是走不通的，青年团以前走过的弯路，吃过的苦头不能再来了，所以他们十分明确地打出了马克思主义的大旗，让青年们在这样的旗帜下会合起来。

中国社会主义青年团的成立，使团实现了组织上、思想上的统一，这是在中国共产党的直接关怀和领导下实现的，在中国革命史和青年运动史上具有里程碑意义！

二、团一大确立的第一个团的纲领是什么？

马克思说："一个政党的正式纲领是一面公开树立起来的旗帜，是人们用以判断这个政党的活动性质与水平的界碑。"团的纲领，就是团为实现自己的奋斗目标而确立的行动方略，是团的政治主张的集中反映，是昭示社会的政治宣言，是团想要举什么旗、走什么路的根本标志，规定着团的奋斗目标，指明团的前进方向。因此，制定和实施正确的纲领，对于团的事业至关重要。1922年5月10日晚，团一大会议通过了《中国社会主义青年团纲领》和《中国社会主义青年团章程》。《中国社会主义青年团纲领》（下称《纲领》）以世界的眼光，运用马克思主义方法去思考问题。根据严谨的科学理论，团纲明确了团的性质是"中国无产阶级的组织"，团的奋斗目标是"铲除武人政治和国际资本帝国主义的压迫"，即反帝反封建，使青年团成为与党的纲领一致的先进团体。《纲领》还提出了科学的预言。

《纲领》提前17年就准确预言了第二次世界大战必然会爆发。《纲领》开篇就详细分析了当时"最近十年间的世界情形"，认为随着资本主义的迅速发展，资本主义的种种弊端也暴露出来，尤其是欧美资本帝国主义的资本主义大企业发展得越来越大，可是产品仅仅在本国销售远远不够，必定意图占有别国的市场，以及抢夺原料产地。"结果，每个资本主义的国家都想日日扩张自己的市场，以销售自己国家过剩的出产品；一方面又从欧美以外的消费国中收买原料及半制品。"市场和原料产地成了帝国主义的地盘，所以资本帝国主义的列强对于弱小民族就使用武力强行侵占。"现今他们竞争最烈的大市场就是亚洲。因此印度、中国和高丽等国就特别受世界资本帝国主义的压迫。"

《纲领》分析到，第一次世界大战就是"完全由于英、法、德、奥互相争夺市场"的结果。一战后，战胜的协约国在法国巴黎所签订的合约，包含《四国条约》《五国条约》《九国公约》，构成战后帝国主义列强在欧洲和中东的统治秩序。该体系的形成，使以欧洲为中心的国际舞台发生了动摇，逐渐形成了英法主宰世界、美日争夺霸权的格局。而实际上只不过各自都有自己的打算，会议中的分赃问题，肯定会成为"第二次世界战争的导火线"。

《纲领》还提前近20年预言将来日本和美国的战争会变成

不可避免的。华盛顿和日内瓦会议，也不过只是为将来的大战暂缓一些时日而已。因为列强一方面要借助这些所谓的和谈会议，积蓄力量，以图再战。另一方面，则是会加紧侵略和掠夺弱小民族，来为第二次世界大战做准备。第一次世界大战"使英国、日本对于东方各民族的侵略愈加厉害，如英国侵略印度，每年约有百万印度劳苦人民死于饥饿；日本侵略高丽，更是一口吸收其所有精液一滴不漏"。这就是最好的明证。

根据以上种种科学的推论，《纲领》分析接下来，资本帝国主义的列强更会加紧对中国的侵略和掠夺。各资本主义的国家，都以为中国"有广大的肥美土地，多量的贱价原料和多数的消费人口"。因此在列强眼中中国只不过"是一块肥美之肉"，他们都"想夺取比较他国更多的权利，遂至互相争夺"。这就造成中国一直被列强欺凌的状况。

那么中国的出路在何方?

《纲领》分析到，帝国主义列强要达到侵略的目的，自然要努力破坏中国的独立和自强，以收渔人之利。这样子中国就会陷入四分五裂的地步，列强就会趁机瓜分中国。除了列强、军阀之外，还有"一班由国际资本养成的外国资本家走狗、汉奸、卖国党，在现在及最近将来更能把中国一切的经济生命尽量卖给外国资本家，例如种种权利之割让，最廉价的原料之输出，最廉价的劳力之供给等都是"。其中，中国的大城市还会出现一些"欧化的资产阶级"，他们也采取外国资本家同样的形式来剥削压迫中国的无产阶级，这也加速了中国社会的衰落。

在分析清楚了中国革命的敌人是谁之后，《纲领》指出:

第一步，进行民主革新战争。组织"中国社会的最多数最重要的分子，还是农人、小商人和小工厂主或工厂主以及知识者等小资产阶级"，进行"反抗外国资本帝国主义的侵略和反抗本国封建武人的压迫"。纲领认为，"这种反抗封建的民主革新战争，在政治和经济进化之历史的过程上有重大的意义"。根据中国政治经济的现状，"我们无产阶级和最苦的农民都应该援助这种革命的争斗"，并在这个过程中发展壮大，"造成无产阶级的真实力量"。

第二步，建立无产阶级的政权。纲领指出"接着民主的革命成功，便会发生无产阶级对抗资产阶级的革命运动"。"这种革命之目的是采用劳农制度，即是将政权归诸无产阶级。"而"这种革命实现之迟速"，最终依靠"世界状况及中国无产阶级组织能力和战斗能力之强弱而定"。

根据以上的分析，中国社会主义青年团在将自己定位为"中国青年无产阶级的组织"后，指出团的具体行动：要在政治方面"铲除武人政治和国际资本帝国主义的压迫"；争取"工人和农人在各级议会和市议会中应获得无限制的选举权"；"言论、出版、集会、结社、罢工应有绝对的自由权"。

在经济方面，维护青年工人利益，促进男女平等，保证女工的产假权利。

在教育方面，促进青年的知识和社会觉悟，以启发并养成青年无产阶级的政治觉悟及批评力，使一般贫苦青年得受初步的科学教育。

在思想文化上，"协同各种青年团体反抗各种迷惑青年、阻损青年思想进步之政治或宗教运动"。

在基本战略上，团的纲领指出"解放无产阶级和被压迫民

中国社会主义青年团在将自己
定位为"中国青年无产阶级的
组织"后，指出团的具体行动

族的问题为世界问题"，"要达到社会主义的目的，非全世界无
产阶级和被压迫民族共同起来革命不可"。而1847年在伦敦召开
的共产主义者同盟第一次代表大会所通过的第一个党章和后来的
《共产党宣言》都曾明确提出"全世界无产者，联合起来"的口
号。列宁也指出"全世界无产者和被压迫民族联合起来"。团的
纲领继承了这些思想。

综上所述，《纲领》是一份闪耀着马克思主义理论光芒，
具体结合中国现实状况，教育引导青年，维护青年利益的历史
文件。

团一大青年说

128

 三、团一大通过了哪些议决案？

5月10日晚，大会讨论通过了《中国社会主义青年团纲领》《中国社会主义青年团章程》《青年工人农人生活状况改良的议决案》《关于政治宣传运动的议决案》《关于教育运动的议决案》《中国社会主义青年团与中国各团体的关系之议决案》和《中国社会主义青年团与国际青年团之关系议决案》等文件。

《中国社会主义青年团章程》共有九章，包括团员、组织、纪律、会议、报告、机关、经费、机关报和附议决案五则，为团组织的正常运转设立了规章制度。关于入团的年龄，章程规定凡是15岁以上至28岁以下的青年，认同团的纲领和章程，即可加入社会主义青年团。凡年满28岁仍在团组织的人员，称之为

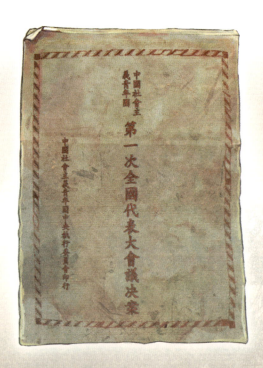

中国社会主义青年团第一次全国代表大会决议案含团的纲领、章程等文件

特别团员，只有发言权。不过附则中又补充如果实在需要，经过一定的程序，特别团员也可以有被选举权。关于团费，团员入团第一次要缴5角钱，以后每个月缴1角，劳动者入团费用免缴。当时，1919年、1924年北京的米价每10斤平均价格分别为0.54元和0.79元。所以5角钱差不多相当于10斤大米。后来团二大修改团章，考虑实际情况又把这个费用降低了，第一次入团缴费只缴1角即可，失业及在坐牢的团员不用缴团费，穷苦的团员同志酌减免缴。章程鲜明地提出了"少数服从多数""下级服从上级""地方服从中央"的纪律，例如"下级执行委员会须服从上级执行委员会；不服从时，上级执行委员会得取消或改组之"。另外还规定，团的最高机关是全国代表大会，并由全国代表大会选举出中央执行委员会，任期是一年。中央执行委员会总负责人由当选的中央执行委员会委员相互选举而产生，这个总负责人团一大时称其为"书记"，到了团二大改称"委员长"。中央执行委员会下设书记部、经济部、宣传部。当时团的基层组织被叫做"小团体"，规定各"小团体"每周开会一次。后来团二大时改称"支部"，并沿用至今。总的看来，《中国社会主义青年团章程》虽然经过后来的实践证明存在不少值得改进的地方，但是这宣告着青年团的第一份正式章程（之前有过一份临时章程）的诞生，对团内规章制度建立具有开创性的意义。

《青年工人农人生活状况改良的议决案》很实际地通过调查研究，分析了当时中国青年工人农民的生活状况，指出："我们社会主义青年团是为无产阶级尤其是为无产阶级的青年奋斗的团体，所以我们对于青年工人农人生活状况改良，应该尽最多最大的力量。"议决案指出在教育方面说起来，青年工人农民教育可谓没有。在经济和待遇方面，"普通工厂尤其是纺纱厂、丝厂、香烟厂、煤矿里为工价低廉起见，雇用多数男女童工，内中还有许多不满十岁的童工，随着大人做十二小时以上的工作，若稍有疲倦的状态或稍有错误，损失原料和工具，便受监工人的毒打"。尤其是"丝厂里毒打女童工，十分残酷"。工人们所得的工钱只能稍稍补助生活，衣食住大部分还要靠家庭支撑。"这班童工的生活状况"，完全就是青年的"活地狱"。即使是在小工厂及手工作场或店铺的学徒，"虽然有一个出身做小工头的希望"，但在学徒期内完全是师傅的奴隶，苦活累活全得做，工钱不仅没有，还要免费替师傅甚至师娘私人服务。以打铁工学徒为例，从早晨天刚亮至晚上12点后，除了吃饭和解大小便，大约一天总有16小时以上在火炉旁边打铁或是烧火，就在天气极热的时候也是如此。师傅为了使唤学徒替他白干活，教学徒总是留一手，还任意延长学徒出师的年限。因此学徒的生活困苦也不在工厂童工之下。青年农民生活状况虽然比都市的工人稍微好点，但是因物价不断飞涨、地主兼并土地，青年农民渐渐之由自耕农变成了佣工。青年佣工的工钱十分低微，牧童的工钱更是低到每年不过一二元。为此，团提出了限制使用童工；同工同酬；禁止体罚；限制用工时间；限制出师时间；禁止学徒为师傅师娘私人服务；改善卫生状况；筹办青年工农教育；增加青年工农娱乐机关等措施来改良青年工农的生活。

《关于政治宣传运动的议决案》则指出，团的活动不是坐而论道或者空谈，而是要不停地进行实际活动，指挥各种政治性质的群众活动。无论遇到什么样的困难和压迫，都要保持与发展和群众的接触，还要注意随时随地在群众运动中坚持发声，扩大影响，发起政治宣传。

《关于教育运动的议决案》则力图改变青年工农的无知状态，避免他们沦为劳动机械一般的工具人。通过各种方式唤醒青年工农为了自己的教育权利而奋斗，尤其是教育青年农民避免成为资本家的劳动后备队。议决案还要求与资本家的教育机关作斗争，努力开展免除学费的运动，促进贫穷学生的社会觉悟。此外，议决案还提出了如何解决男女教育平等、学生参加校务运动、非基督教学生在基督教学校内的平等待遇运动、统一国语和推行注音字母运动的问题。

131

《中国社会主义青年团与中国各团体的关系之议决案》指出"对于民主革命的政党"，应该采取"援助的态度"，为此后的统一战线工作做了铺垫。还根据当时中国的具体现实情况，对各种团体和政党都表明了态度和提出主张。

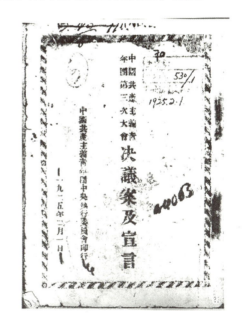

参会人员一致同意加入共产国际领导的无产阶级青年国际组织——青年共产国际。中国社会主义青年团于1925年1月26日至30日在上海召开第三次全国代表大会。这次会议发表了大会宣言。在这个宣言中，青年团郑重宣告：我们决议不再使用"以前那种不甚恰当的'社会主义青年

1925年1月，中国社会主义青年团在上海召开第三次全国代表大会。大会贯彻中共四大精神，动员全团迎接新的革命高潮，并决定把中国社会主义青年团改名为中国共产主义青年团

团'的名称"，青年团正式更名为"中国共产主义青年团"，后来又几经改名，最终于1957年在青年团第八次全国代表大会上将团的名字定为"中国共产主义青年团"，并沿用至今。

四、团一大选举产生了怎样的团领导机构？

1922年5月10日下午，大会讨论了选举团中央执行委员的办法。邓中夏提议先提"候补人"；施存统提议凡是S.Y.团员都可推举，先推为"候补员"，到会每人只能提一人，过半数通过，无记名投票。晚上最后一项议程是"选举团中央执行委员会"。

油画：《红色朝阳——共青团一大》，
卜绍基、蔡海斌、刘新强创作于2001年

通过投票选举，高君宇、施存统、张太雷、蔡和森、俞秀松当选为团中央执行委员会委员，冯菊坡、林育南、张秋人为团中央执行委员会候补委员。

中国社会主义青年团第一届中央执行委员会（简称"团中央执委会"）就此诞生。11日，在团中央执行委员会第一次会议上，考虑到青年团的工作对象主要是青年学生和工农群众，为了凸显团的青年组织的属性，大会选举了更为年轻的施存统（即方国昌，时年23岁）为书记，团中央机关报《先驱》的编辑由蔡和森担任。在团中央委员会第一次会议记录中有这样一段表述："公决俞秀松、蔡和森、方国昌三人住在上海"，"特派张

第一届团中央执行委员会架构图

133

椿年、高尚德二人驻在广州；高尚德未到以前，以候补委员冯菊坡代理其职务"。

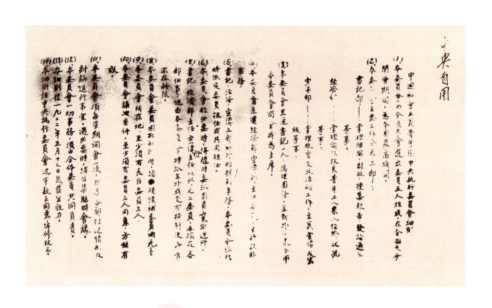

团中央执行委员会第二次会议通过了《中国社会主义青年团中央执行委员会细则》，其中明确中央执行委员会分为三部：书记部、经济部、宣传部

第八章

团一大后，青年团在党的领导下如何推动发展？

中国社会主义青年团正式成立后，始终发扬"党有号召、团有行动"的优良传统，团结带领青年围绕党的中心任务不懈奋斗，成为中国青年运动的骨干力量。令人欣喜的是，青年团不仅在国内迅速发展，在海外也吸引了旅欧先进青年的目光。团一大之后的团组织是如何发展和壮大的？让我们一起看看青年团早期的成长之路。

一、团一大后，国内团组织的发展情况如何？

团一大后，团中央执行委员会先后发出了几十个通告，指导各地团组织的工作，要求全团整顿和发展团的地方组织，加强团的集中统一领导。

1922年5月27日，团中央执行委员会就地方团组织改组问题专门发出通告，要求各地团组织"均应立刻按照新章改组"，并提出了改组的具体要求和开展工作的办法。同年7月2日，又发出第十号通告，指出在地方团代表大会闭会期间，该地团组织的领导机关是地方团委而不是团委的职能部门，以克服职能部门"颇有独立进行的倾向"。同月18日，再发出第十二号通告，规定了地方团组织如何利用属地名称确定本地团组织的名称和地方及基层团组织建立后的批准程序。此外，团中央发出的通告还就地方团组织一律要执行团的全国代表大会制定的团章，不得自定团章，以及对机关刊物《先驱》的编辑、发行等问题作了相应的规定。各地团组织根据团中央这一系列的要求和指示，普遍对团的组织形式进行了改组和整顿，使刚刚建立的团组织得到迅速的完善和发展。

在中国社会主义青年团创建初期，中国共产党发起组织的成员基本上都参加了各地青年团组织的创建工作，许多早期党员在当时也是团员，在这个时期，团组织由于刚刚建立，青年团主要发挥党的助手和预备学校的作用，在工人运动领域和学生运动领域都颇有建树。

在工人运动领域，1922年5月，上海浦东日华纱厂工人因对

日本资本家迫害工人、破坏工人运动不满，举行罢工。中国社会主义青年团中央立即发出《中国社会主义青年团请求全国各界和各团体援助上海浦东纺织工人书》，声援上海工人。这封公开信说："中国社会主义青年团为青年社会主义者的团体，就是青年工人的先锋；所以他的任务特别是为少年工人的利益而奋斗，而同时也为壮年工人的利益而牺牲的，而且那4000余人中间，差不多半数是青年工人，尤其是他们不得不帮助的。所以中国社会主义青年团中央执行委员会诚恳的请求全国工人、农人、军警、学生一致起来为解除压迫与剥夺而奋斗呀！"

1922年8月，直系军阀控制下的北洋政府宣称要重开国会，制定宪法，中国共产党利用这个机会，由中国劳动组合书记部拟出了维护工人权益的劳动法大纲，要求国会通过，并且动员全国工人广泛开展劳动立法运动。各地党团组织随即发动当地工人群众，开展斗争，要求国会通过。中国社会主义青年团机关刊物《先驱》第11期全文刊登了《劳动法大纲》19条，并发表了一系列文章加以宣传，明确指出："少年的工人也是属于工人阶级，而且事实上资本家压迫、掠夺少年工人比较成年工人尤其利害，所以少年工人尤其应当为他们自己的利益，为劳动法案奋斗以达到在宪法上照样规定的目的。奋斗的具体办法不外是与成年的工人协力合作，向国会请愿、游行、罢工以及其他的示威运动。少年的工友啊，现在时机到了，我们也不堪再被人掠夺了。我们要来为劳动法案奋斗啊！"各地党团组织推动劳动立法的宣传，使《劳动法大纲》深入人心，从而提高了广大工人群众的觉悟，推动了全国工人运动的发展。

1922年9月14日，安源路矿1万多工人，在当地党团组织的领导、组织下，举行了在当时产生重大影响的大罢工，要求保障工人权利、增加工资、改善待遇、发清欠饷、废除封建把头制等17项要求。这次罢工迅速得到全国各地工会的声援和社会舆论的支持。在这次罢工斗争中，青年团员战斗在最前列，充分发挥了先锋作用。罢工胜利后，安源的地方团组织发展很快，当年冬天团员总数已达到100多人，年底即建立了团的地方执行委员会。安源成为中国青年团正式成立后最早建立地方团委的地区之一。

在学生运动领域，各地青年团组织在动员和组织青年团员投身第一次工人运动高潮的同时，还发动和领导青年知识分子进行反帝反封建斗争，加强了对青年学生运动的领导，使五四运动以后，相对沉寂的学生运动又重新活跃起来。

1922年11月，由直系军阀控制的北洋政府任命湖南军阀赵恒惕保举的政客彭允彝为教育总长。彭到任后，克扣教育经费，以整顿校风为名，排除异己安置私党。1923年1月，北京大学校长蔡元培出于正义，愤然提出辞职。消息传出后，群情哗然，许多教师、学生纷纷上书或发表通电要求"驱彭挽蔡"，以伸张正义。在1月19日和24日，北京学生举行了两次请愿活动，但是军阀政府不但无视教师、学生的正义要求，反而派出军警殴打学生，造成50余名学生重伤的流血事件。在这种情况下，党团组织及时引导学生看清事件的本质，把斗争的锋芒指向封建军阀政府。北京地方团组织负责人邓中夏撰文指出，这次运动的目标不是"驱彭挽蔡"，也不是简单的"维护人权"或"教育独立"，这些都是枝节问题，"只要反动势力政治，即军阀政治根本推翻，这些问题便可'迎刃而解'"。在党团组织的引导和影响下，这场以"驱彭挽蔡"为起因的学生运动开始向"打倒军阀"转变，其锋芒由指向个别人转而指向整个封建军阀统治。同时，这场由北京发起的学生运动，迅速扩展到全国，各地学生会纷纷发表了宣言、通电，抗议军阀政府的暴行，声援北京学生。经过广大青年学生的坚决斗争，在1923年9月北洋政府免去了彭允彝教育总长的职务，学生斗争取得了胜利。

党团组织通过发动学生开展反对封建军阀统治的"驱彭挽蔡"斗争，使全国各地学生重新组织起来，并经过积极有效的工作，使学生运动接受了打倒帝国主义，打倒封建军阀，建设自由独立民主国家，为青年学生利益和被压迫的民众利益而奋斗的正确政治目标，把中国学生运动推上了一个新水平。

我们可以清晰地看到，青年团从建立开始，就发挥着党的助手和预备学校的作用，并且伴随着这种工作实践的全面展开，通过不断总结实践中的经验和教训，不断发展壮大团的组织。

团一大召开四个月后，经党、团中央联席会议研究讨论，确定了处理党、团关系的原则。1922年12月24日团中央发出第二十八号通告，提出："中央现在因欲急速解决本团种种困难问题，很感着有提前召集第二次全国大会的必要，所以议决于1923年3月间开第二次全国大会。"这个通告的发布，引发了团内关于青年团工作的讨论，其内容涉及党团关系、组织建设、思想建设、工作方式方法等多方面，为青年团第二次全国代表大会的召开和此后团的工作的发展做了十分必要的思想理论准备。

二、中国社会主义青年团旅欧之部是怎样成立的？

就在中国国内如火如荼地创建共产党和青年团组织时，一批到欧洲寻找中国革命真理的进步青年也在异国他乡开始党团组织的建立活动，国内青年与旅欧青年一起探索救国图存之路。那么，有哪些进步青年赴欧勤工俭学呢？中国社会主义青年团旅欧之部又是如何成立的？

五四运动以后，为了吸取西方先进的科学文化知识，探索中华民族的富强之路，就近观察俄国革命，中国具有进步思想的知识分子们纷纷赴欧勤工俭学。赴欧勤工俭学在当时形成一股潮流，从1919年春到1920年底，先后有一千五六百人赴欧求学，他们踏上赴欧洲的旅途为国为民求索真理，其中有：赵世炎、李维汉、蔡和森、周恩来、徐特立、陈延年、陈乔年、王若飞、邓小平等人。

受战争影响，法郎大幅贬值，在法国的生活费较低，加之法国的劳动力短缺，容易生存。当时的青年以向西方学习为口号，以振兴中华为目的，去法国可以一面勤工以维持生存，一面苦读以抉择主义。他们中的许多人在马克思主义和俄国革命的影响下，在同旅欧华工和法国工人的接触中，逐渐转变了自己的世界观，成为具有共产主义思想的知识分子。

比如陈延年、陈乔年两兄弟，他们一开始其实是对无政府主义有极大兴趣，与父亲陈独秀的政见并不一致。兄弟二人赴法勤工俭学的初衷也是进一步研究无政府主义理论。然而，当他们在法国生活了一段时间后，耳闻目睹的大量事实使他们逐渐感觉到，无政府主义不但丝毫改变不了资本主义社会的腐朽和黑暗，反而成为阻碍无产阶级进行革命斗争的绊脚石。后来，在赵世炎、李立三等人的影响和帮助下，他们转而致力于马克思主义的学习和研究，还参加了留法勤工俭学学生的实际斗争。这些斗争实践使他们从思想上和组织上彻底抛弃了无政府主义的观点，逐渐转变成为坚定的马克思主义者。

另外一对旅欧青年中的典范就是知名的"向蔡同盟"。当时年轻的蔡和森和向警予也是赴法勤工俭学学生中的激进者。在踏上欧洲这块马克思主义的发源地后，很快对马克思主义产生了浓厚的兴趣。在共同劳动和学习中，他们萌发了纯真的爱情，并毫不掩饰地公开承认他们互相爱慕。1920年5月，蔡和森、向警予在蒙达尼公学一间木板平房里，举行了简朴而庄重的婚礼，他们还向前来祝贺的人们宣传"无产阶级"的爱情观。在两人的结婚照中，蔡和森手上拿着一本《资本论》，表达了他们对马克思主

142

义的共同信仰。

旅欧学生中逐渐形成几个群众性的革命团体，如勤工俭学励进会（后改称工学世界社）、劳动学会以及在法的新民学会会员组织等，这些都为旅欧青年团组织的建立，在思想上和干部上做了准备。

1921年底（或1922年初），赵世炎、周恩来同李维汉在巴黎聚会，具体商讨建立旅欧青年中的共产主义

1920年5月，蔡和森和向警予在法国蒙达尼的结婚照

组织问题。经过认真探讨，他们商定分头进行筹备工作。在他们及其他旅欧青年的共同努力下，1922年6月，旅欧青年中的共产主义组织（旅欧中国少年共产党）正式成立。参加旅欧中国少年共产党成立大会的正式代表有18人，代表全欧洲30多位少共党员，他们是赵世炎、任卓宣、周恩来、李维汉、王若飞、陈延年、陈乔年、刘伯坚、傅钟、袁庆云、王凌汉、萧朴生、萧子璋、佘立亚、汪泽楷、尹宽、李慰农和郑超麟。会议通过了《旅欧中国少年共产党章程》及工作计划，选举赵世炎、周恩来、李维汉3人为第一届旅欧少共执委委员。赵世炎任书记，周恩来任宣传委员，李维汉任组织委员，执委会办公地址设在巴黎市十三区意大利广场附近哥特弗庐瓦街十七号小旅馆内。

旅欧中国少年共产党成立后，积极同国内的青年组织联系。

当得知中国社会主义青年团成立后，在1922年11月20日，赵世炎、周恩来以旅欧中国少年共产党的名义写信给国内的中国社会主义青年团中央说："诚恳地声明我们愿附属于国内青年团为其旅欧之部。"即决定加入中国社会主义青年团，并派李维汉回国向团中央汇报。

1922年底，当得知国内已派出党团代表赴莫斯科出席共产国际第四次大会和少年共产国际第三次大会的消息后，旅欧少共又给中国代表团陈独秀、刘仁静写信，再次申明此意。陈独秀当即回信，建议将"旅欧中国少年共产党"改名为"中国共产主义青年团旅欧之部"，并提议将领导机关"中央执行委员会"改为"执行委员会"。

1923年2月，旅欧中国少年共产党举行临时代表大会，经过4天的讨论，决定将旅欧中国少年共产党改名为"旅欧中国共产主义青年团"（中国社会主义青年团旅欧之部）。

因赵世炎等同志即将赴苏联学习，大会一致选举周恩来为中国社会主义青年团旅欧之部执行委员会书记，任卓宣、尹宽、汪泽楷、萧朴生为执行委员，刘伯坚、王凌汉、袁子贞为候补委员。周恩来向团中央写了第一号报告："我们现在已正式为'中国社会主义青年团'的旅欧成员，我们已立在共产主义的统一旗帜之下，我们是何其荣幸！你们希望我们'为本团勇敢忠实的战士'，我们谨代表旅欧全体团员回说：'我们愿努力毋违！'"

旅欧团组织建立后，于1922年8月创办了机关刊物《少年》月刊，赵世炎、陈延年任主编，到1923年底共出版了13期。1924年2月，《少年》改为《赤光》半月刊，由旅欧党、团组织合办，周恩来、邓希贤（邓小平）、李富春等负责编辑及出版工

旅欧之部机关刊物《少年》

作。邓小平在《赤光》编辑部工作时，因为平刻的字工整秀丽，印刷清晰，装订简雅，使油印效果与铅印没有多大差别，被大家称赞为"油印博士"。

 三、团中央如何筹备团二大的召开？

在南京东南大学四牌楼校区的西北角六朝松下，有一座黄墙灰瓦、单体独栋的砖混西式平房——梅庵。根据许启彬《东南大学历史文化源流：百年梅庵的艺术传承与革命记忆》，梅庵始建于1916年，为纪念曾任两江师范学堂（东南大学前身）督学，我国晚清著名学者、教育家、书画家李瑞清（字梅庵，号清道人）而建，取名梅庵。当时为三间茅草平顶的平房，1932年梅庵茅屋被拆除，1933年改建为砖混结构平房，正门匾额"梅庵"二字系"东南大学之第一教授人才"的著名文史学家柳诒徵于1937年6月9日亲笔题写。1923年8月20日至25日，在中国青年运动史上举足轻重的中国社会主义青年团第二次全国代表大会（简称"团二大"）在这里召开。为什么要召开这次大会？为什么选择了梅庵？召开这样重要的一次会议，需要做哪些准备工作呢？

团一大的召开，使中国社会主义青年团实现了思想上、组织上的完全统一，成为在政治纲领和奋斗目标上与中国共产党保持一致的全国性的先进青年组织。作为一个年轻的组织，中国社会主义青年团从成立起，就不断面临各种困难和挑战。团中央"因欲急速解决本团种种困难问题"，认为"有提前召集第二次全国大会的必要"，并通过中国社会主义青年团机关报《先驱》讨论青年问题及开展共产主义宣传。团中央在1922年12月28日第二十四次执行委员会会议上决定，"《先驱》设一'本团状况'栏，并于第二次全国大会前出一特刊，专载本团状况，给团

载于《先驱》第24号的《二次全国大会的几个实际问题》

员看"。从1923年2月1日起，《先驱》第16号开始用5期连载的方式刊登施存统的《本团的问题》。1923年8月1日，敬云（刘仁静）在《先驱》第24号发表《二次全国大会的几个实际问题》，他认为"本团最糟心的是组织问题"，"本团团员缺乏教育……团员对几种根本问题的意见不一致而且观念尚不十分坚强"。在团二大正式召开之前，团中央对青年团建设经验进行总结、剖析存在问题及研究第二次全国代表大会的意义等，为团二大的召开做准备。

团二大的筹备工作是有组织有计划的。早在1922年12月23日，中国社会主义青年团第一届中央执行委员会在北京召开第二十三次会议，专题研究了"召集第二次全国大会"有关事项，议决于1923年3月间召开大会，但地点和经费待定。会议还讨论了选派参会代表的要求和人数、大会议程及大会目的等事项。会议议决指出："团员五十人以下者，有表决权一票，代表至多二名，但一名无表决权；团员百五十人以下五十人以上者，有表决权二票，代表至多四名，但二名无表决权；团员百五十人以上者，有表决权三票，代表至多六名，但三名无表决权：在此范围之内，选派代表多少，得由各地方自由决定。"也就是说，当时并不是每一位代表都有表决权。与团一大不同，经过一年的经验积累，青年团认识到"前次大会注重空洞的原则之弊"，第二次全国代表大会"务必多从实际上方法上讨论"，"注意点应由理论问题移到事实问题"。此外，团中央执行委员会第二十三次会议决定，"中国共产党亦得派有表决权之代表一名出席我们的大会"，在团中央执行委员会会议中也常邀请中共中央代表列席，可见青年团始终与中国共产党保持密切的联系。

关于团二大的议程，团中央广泛征求意见，"命各地方团将议案寄给中央，使中央预先准备整理"，并多次召开会议进行了讨论。随着第二次全国代表大会时间的延迟，大会议程根据实际情况不断完善。1922年12月23日第二十三次会议讨论，议程为"中央报告及大会组织、政策问题、组织问题、经济问题（筹措经济的方法及管理问题）、宣传问题（教育及出版等）、运动问题（学生、工人、妇女等运动）、本团与中国共产党之关系、本团与国际青年共产团体之关系、本团与国外留学生团体之关系（例如旅欧中国少年共产党）、本团与国内各青年团体之关系、选举中央执行委员会"11项，到1923年5月10日第三十四次会议，议程为"中央报告，赴少年国际大会代表报告，中国共产党代表报告，中国过去一年的青年运动及今后活动的方针，经济斗争，军队中的青年运动，反对基督教运动，学生运动，体育问题，教育问题，出版问题，组织及纪律问题，本团与中国共产党、国民党及工会之关系，财政问题，地方问题，选举"等16项。

关于团二大的召开时间，原计划定于1923年3月，为何一再变更呢？一是认为在中国共产党第三次全国代表大会召开之后为宜。团中央酝酿在湖南召开团二大，于1923年2月24日致函团湖南区委，就拟在湖南召开团的第二次全国代表大会征求团湖南区委的意见。经团湖南区委讨论后，1923年3月7日，代理团湖南区委工作的团长沙地方执委书记毛泽东复信中国社会主义青年团中央书记施存统，建议团二大的开会日期改在中国共产党第三次全国代表大会之后。毛泽东致中国社会主义青年团中央信手稿内容如下：

148

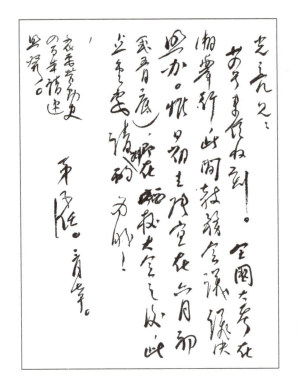

光亮兄：

　　廿四号来信收到。全国大考在湘举行，此间教务会议议决照办。惟日期主张宜在六月初（或五月底），即在西校大会之后，此点重要，请斟酌为盼！

　　文化要劳动史四百本，请速照发。

　　　　　　　　　　　　　　　　　弟子任

　　　　　　　　　　　　　　　　　三月七号

　　信中的"光亮"即施存统，1922年5月至1923年8月任中国社会主义青年团书记；"全国大考"是代号，指中国社会主义青年团第二次全国代表大会；"教务会议"是代号，指中国社会主义青年团长沙地方执行委员会会议；"西校大会"是代号，指中国共产党第三次全国代表大会；文化，指长沙文化书社。劳动史，指施存统编著的《劳动运动史》，该书于1922年4月由中国劳动组合书记部印行。

团中央执行委员会在1923年5月10日召开会议，决定第二次全国代表大会于7月10日在长沙进行。1923年6月12日至20日，中国共产党第三次全国代表大会在广州举行。同年6月12日，团中央执行委员会向各地发出关于召开中国社会主义青年团第二次全国代表大会的通知，指出会议的日期、地点，尚不能确定决定。

二是因经费问题延期召开会议。1923年7月15日，团中央执行委员会议决"第二次全国大会，本早应该开，只因经费问题，迁延至今。目下日期虽不好决定，而地点都可预先决定。议决地点在南京，日期俟春木（即张太雷）来信后再决定"。团中央执行委员会在1923年7月24日及8月3日的会议上再次讨论确定了团二大的日期、地点。直至1923年8月20日，中国社会主义青年团第二次全国代表大会预备会议在国立东南大学梅庵召开，施存统代表中央报告时还特别说明"经济异常困难"，他在报告中提到"团体的经济力量，仍是十分薄弱，所以中央决定：每地方只供给一个代表往返的旅费，其余由地方自筹"（中国社会主义青年团第二次全国代表大会记录，原件藏于俄罗斯国家社会政治历史档案馆）。

关于团二大的召开地点，原定在长沙召开，后来又为何改至南京呢？1923年6月，长沙爆发了日本水兵枪杀中国平民的"六一惨案"，局势恶化。而国立东南大学梅庵是五四运动后中国进步浪潮不断发生之地，是南京地区早期革命斗争发源地之一，是会议、讲习的场所，是早期马克思主义的宣传中心和南京党团活动的重要场所。20世纪20年代，梁启超、胡适之于此处做过讲学。1921年7月，恽代英在梅庵召开少年中国学会第二次年会。1922年5月5日，南京社会主义青年团在梅庵召开团员大会，会上通过了南京社会主义青年团简章，并决定组织公开的"南京马克思学说研究会"。因此，会议改在南京梅庵召开具有天然的优势。

经过一年多的筹备，中国社会主义青年团第二次全国代表大会终于在1923年8月召开。毛泽东以中共中央代表的身份出席团二大，对团的工作提出建议，并在第四次会议上作报告阐述党的主张，从推动党团关系确定、贯彻中共三大方针等方面对青年团进行了指导。到会代表有邓中夏、瞿秋白、恽代英、林育南等30人左右。当时全国已有30个地方建立了团的组织，遍布16个省。在8月20日召开的预备会议上，决定以三人组织主席团，五人组织书记部，三人组织审查资料委员会；另组织青年工人运动、农民运

国立东南大学大门

1916年初建
后的梅庵

1933年改建
后的梅庵

改建后的
梅庵新貌

动、学生运动、军人运动、教育与宣传、组织与章程、起草宣言7种委员会及起草纲领委员会。8月21日，团二大举行开幕式。8月22日至25日，大会听取团中央委员和少共国际代表的报告、中国共产党代表的报告和青年工人运动委员会等报告，讨论通过《中国社会主义青年团中央执行委员会组织法》等议决案，选举张太雷、邓中夏、林育南、恽代英等7人为中央执行委员。

正如《先驱》指出："这次大会最重要的工作是要精密的审查这一年内我们在执行第一次全国大会议案的活动上所得着的'经验'和'错误'，再从这种经验和错误中寻出一条适宜的新的奋斗路子，修改或补充第一次全国大会的议决案。"团二大完成了这个重大使命，并且坚决接受中共三大确定的与国民党建立统一战线的方针，奠定了青年团组织建设的基础。

中共三大会址遗址广场的石碑上镌刻着"全中国国民革命者联合起来"

附录

中国共青团历次全国代表大会简介

会议名称	时间	地点	代表人数	团员人数
中国社会主义青年团第一次全国代表大会	1922年5月5日—10日	广州	25人	约5000人
中国社会主义青年团第二次全国代表大会	1923年8月20日—25日	南京	30余人	约2000人
中国社会主义青年团第三次全国代表大会（大会决定将中国社会主义青年团改名为中国共产主义青年团）	1925年1月26日—30日	上海	18人	约2400人
中国共产主义青年团第四次全国代表大会	1927年5月10日—16日	武汉	60余人（其中正式代表39人）	37638人
中国共产主义青年团第五次全国代表大会	1928年7月12日—16日	苏联莫斯科	46人（其中正式代表17人）	约7.5万人
中国新民主主义青年团第一次全国代表大会（抗日战争时期青年运动组织先后为中华民族解放先锋队、青年救国会，1946年6月开始筹备成立中国新民主主义青年团）	1949年4月11日—18日	北平（北京旧称）	340人	约19万人
中国新民主主义青年团第二次全国代表大会	1953年6月23日—7月2日	北京	正式代表795人，列席代表152人	约900万人
中国新民主主义青年团第三次全国代表大会（大会决定将中国新民主主义青年团改名为中国共产主义青年团）	1957年5月15日—25日	北京	正式代表1493人，列席代表70人	约2300万人
中国共产主义青年团第九次全国代表大会	1964年6月11日—29日	北京	正式代表2396人，列席代表927人	约2200万人
中国共产主义青年团第十次全国代表大会	1978年10月16日—26日	北京	2000人	约4800万人
中国共产主义青年团第十一次全国代表大会	1982年12月20日—30日	北京	正式代表1964人，候补代表149人	约4800万人
中国共产主义青年团第十二次全国代表大会	1988年5月4日—8日	北京	2027人	约5600万人
中国共产主义青年团第十三次全国代表大会	1993年5月3日—10日	北京	1420人	约5680万人
中国共产主义青年团第十四次全国代表大会	1998年6月19日—25日	北京	1469人	约6850万人
中国共产主义青年团第十五次全国代表大会	2003年7月22日—26日	北京	1500人	约6986万人
中国共产主义青年团第十六次全国代表大会	2008年6月10日—13日	北京	1500人	约7544万人
中国共产主义青年团第十七次全国代表大会	2013年6月17日—20日	北京	1500人	约8950万人
中国共产主义青年团第十八次全国代表大会	2018年6月26日—29日	北京	1529人	8124.6万人

参考文献

1. 埃德加·斯诺：《西行漫记》，董东山译，生活·读书·新知三联书店1979年版。

2. 毛泽东：《毛泽东选集》第二卷，人民出版社1991年版。

3. 安源路矿工人运动纪念馆：《安源路矿工人运动史（1921—1930）》，上海社会科学院出版社1993年版。

4. 陈泽泓：《广州觅胜》，广州出版社2007年版。

5. 广州市越秀区政协学习和文史委员会、广州市越秀区人民政府地方志办公室主编：《越秀史稿》，广东经济出版社2015年版。

6. 广州市文物普查汇编编纂委员会、越秀区文物普查汇编编纂委员会编：《广州市文物普查汇编·越秀区卷》，广州出版社2008年版。

7. 广州市档案馆主编：《人文广州丛书·千年文脉看越秀》，广东人民出版社2010年版。

8. 张富强：《粤海关十年报告（1882—1941年）》，广州出版社1993年版。

9. 中国人民政治协商会议广东省广州市委员会文史资料研究委员会编：《广州百年大事记》，广东人民出版社1984年版。

10. 王理嘉：《从官话到国语和普通话——现代汉民族共同语的形成及发展》，《语文建设》，1999年第6期。

11. 团中央办公厅：《中国社会主义青年团中央执行委员会通告第二号》（1922年5月27日），《中国青年运动历史资料》（1）。

12. 团中央办公厅：《中国社会主义青年团请求全国各界和各团体援助上海浦东纺织工人书》（1922年5月24日），《中国青年运动历史资料》（1）。

13. 澄宇：《少年工人与劳动立法》，引自团中央办公厅：《中国青年运动历史资料》（1）。

14. 李玉琦：《中国共青团史稿（1922—2008）》，中国青年出版社2010年版。

16. 团中央第28号通告，1922年12月24日。

17. 《中国社会主义青年团一大及其筹备会议和第一届团中央执委会会议记录（一九二二年五月—一九二三年八月）》，《党的文献》，2012年第1期。

18. 敬云：《二次全国大会的几个实际问题》，《先驱》，1923年第24期。

19. 叶学丽：《明确党团关系 贯彻国共合作方针 中国社会主义青年团第二次全国代表大会》，《中国共青团》，2015年第2期。

20. 《致社会主义青年团中央信（一九二三年三月七日）》，《党的文献》，2011年第1期。

21. 秦云：《共青团历次全国代表大会简介》，《历史教学》，1964年第6期。

22. 李永春，暴红博：《邓中夏对创建和发展社会主义青年团的贡献》，《毛泽东研究》（年刊），2014年。

23. 贺易：《第二次全国大会最重要的一个使命》，《先驱》，1923年第23期。

写在后面的话

　　自2021年党史教育学习全面开展以来，为拉近青少年与党史的距离，共青团运用各种形式让党史内容既入眼入耳，又入脑入心。团中央开展的一项覆盖273万青少年的调研显示，超七成青年参加党史学习教育后萌生了入党愿望，其中近一半递交了入党申请书。全国在册的5000余处革命烈士纪念设施，都有共青团员、少先队员去参观、瞻仰、祭扫，实现了全覆盖。

　　要推进青少年党史学习教育常态化长效化发展，其实还有不少需要注意的情况。2022年全国两会上，共青团中央提交了《关于推进青少年党史学习教育常态化长效化的提案》，指出："当代青少年与父辈、祖辈相比，理想主义与现实主义、感性认同与理性认同在他们身上复杂交织，对党的政治认同还面临着多方因素的冲击和消解"。因此，多位从事青少年党史教育的专家提出："想让青少年真正喜欢学习党史，必须加强对理论的青年化阐释。我们的党史理论，不应该是高高在上的，应该是说青年的话、解青年的惑、指青年的路"。"不回避学生的问题，不绕开学生的质疑，以历史史实来回应困惑，着力解释清楚党的百年历史背后的理论逻辑和实践逻辑，才能让青少年真正相信党、追随党，从党史中汲取智慧。"

本书编委会的策划构思与专家意见建议不谋而合。《团一大青年说》是由共青团广州市委员会、广州青年运动史研究和青少年融媒体中心组织青年教师和青年专家共同编写的团一大历史知识普及型图书。本书的时间线从五四运动开始至团二大召开结束。撰写的初衷就是要回到百年前共青团的创建起点，回溯当时"世界潮流，浩浩荡荡"的时代背景，发掘五四运动爆发的深层次原因，探寻究竟是什么力量让思想上已觉醒的新青年们开始走近普通民众，走向社会，进而建章立制创建社会主义青年团。他们在建团初期曾经遇到过什么困难，又是如何克服的。在团一大召开的前前后后曾经发生了哪些不为人所熟悉的故事，在青年团正式创建之后，他们又是怎样以党的宗旨为宗旨，团结带领广大青年走上了新民主主义革命的历史征程。

团一大这段历史放在百年党史中并非"平平无奇"，反而是一次又一次地吸引了我们这群"85后"的编者对史料反复咂摸。我们真诚地希望这本简明通俗的读物能够让更多青少年了解这段充满开创、奋斗精神的青春岁月。团队具体分工如下：第一、二、三章由沈志刚（华南师范大学讲师）编写，第四章吴小晋（广州市团校讲师）编写，第五章由邵明众（广东省团校教师）编写，第六章由吴小晋、余宝君（广州市少年宫教师）、余倩雯（岭南建筑研究中心高级工程师）、刘思贤

（广州市团校讲师）、沈志刚、黄佳蓉（广州市青年文化宫教师）编写，第七章由邵明众编写，第八章由刘思贤、罗飞宁（广州市团校副编审）、庞文婷（广州市团校教师）编写；插画由司达明和南漫画派工作室、古雯瑶（广州市少年宫教师）设计。

本书在编写过程中得到了中共广东省委党史研究室原主任、中共党史教授曾庆榴，中共广东省委党史研究室原副巡视员刘子健，广州青年运动史研究室原主任连莎的大力支持和帮助，在此表示诚挚的谢意。

编者相信，当你看完本书的时候，很多历史事件细节会在你脑海中如电影画面般呈现，很多人物形象也将更加立体丰满，很多理论名词也不再是躺在故纸堆中的空洞概念。你看到的百年前的这段共青团的历史其实是当时的青年革命者胼手胝足蹚出来的一条路！他们对家人朋友、国家社会的感情亦如今天风华正茂的你，清澈的爱，只为中国！

由于水平所限，本书难免有不当之处，敬请读者批评。

编　者
2022年5月